検証・新解釈・新説で

魏志倭人伝の全文を読み解く

卑弥呼は熊本にいた!

伊藤雅文

ワニブックス
PLUS新書

はじめに――行方不明の「邪馬台国」を求めて――

邪馬台国は、三世紀前半の日本に確実に存在した国です。

そこには、女王卑弥呼の都がありました。

一八〇〇年も昔の古代日本に想像の翼が羽ばたく、ワクワクするような話です。

しかし、そのことが書かれているのは、『三国志』という中国の史書です。

残念ながら、日本の歴史書には「邪馬台国」という国名も「卑弥呼」という女王の名前も記されていません。行方知れずになっているのです。

それは、なぜなのでしょうか。

日本最初の正史は、七二〇年に完成した『日本書紀』です。

『日本書紀』は、初代神武天皇の即位年を紀元前六六〇年と位置付けています。しかし、それは年代の延長操作が施された結果です。現代では常識と言ってよいでしょう。

では、本当に初代天皇が即位され、ヤマト王権が誕生したのはいつなのでしょうか。

これについては、三世紀から四世紀前半ごろとみる論考が有力だと思われます。筆者も『日本書紀』の紀年復元に取り組み、得られた答えは西暦三〇一年というものでした。すると、『三国志』の記す邪馬台国は、天皇の時代より前にあったことになります。天皇の治世ではないのです。邪馬台国が『日本書紀』の歴代天皇紀のなかに言及されないのは当然なのです。

『日本書紀』は、初代神武天皇の即位以前を「神代（かみよ）」として扱っています。神々の時代です。

ですから、邪馬台国と卑弥呼は、神代に存在した国であり女王なのです。本書の考察とは直接関係しませんが、筆者は邪馬台国は「高天原（たかまがはら）」であり、卑弥呼は「大日孁貴（おおひるめのむち）」であると考えています。大日孁貴の別名は「天照大神（あまてらすおおみかみ）」です。

では、邪馬台国はどこにあったのか、高天原はどこにあったのかと言いますと、これも残念なことに「神代」の記述のなかにもその場所は明言されていません。

ただし、『日本書紀』編纂（へんさん）者たちが漠然とではあるかもしれませんが、そのありかを知っていた可能性も感じられます。が、この続きは「おわりに」で。

さて、『三国志』は壮大な歴史的事実を綴っているわけですが、当時の倭人について書かれているのは漢字でわずか二〇〇〇字弱です。漢文に精通していなくても、生まれたときから漢字に親しんでいる日本人ならおおよその意味は理解できます。

邪馬台国に興味をお持ちのあなたには、ぜひ一度全文に目を通されることをお勧めします。それだけで、きっと多くの新たな気づきがあるはずです。

本書では、位置論争だけに偏ることなく、いわゆる「魏志倭人伝」の全文をありのままに読み解いていきます。そのうえで、内容を論理的に「検証」し、そこから生まれる多くの「新解釈」と「新説」を提起できればと考えています。

はたして、邪馬台国と卑弥呼の行方は……。

序章

「魏志倭人伝」とは

「邪馬台国」や「女王卑弥呼」は、「魏志倭人伝」にその名が書かれています。しかし、正確に言うと「魏志倭人伝」という書物は存在しません。

広く知られている『三国志』という史書のごく一部分を切り取って「魏志倭人伝」と呼んでいるのです。

『三国志』は二十四史といわれる中国の正史の一冊です。中国王朝の年代順では、司馬遷の『史記』から始まって、班固の『漢書』、范曄の『後漢書』、そして陳寿の『三国志』と続きます。

『三国志』は魏、蜀、呉という三つの国が覇を争った三国時代の歴史を書き記しています。三国時代は西暦でいうと一八四年から二八〇年とされます。最近は三国志に関するゲームも人気ですが、曹操や劉備、孫権、そして諸葛亮や司馬懿、関羽、呂布など、現代の日本人でもよく知っている英雄や豪傑が登場する史書です。

『三国志』は、魏書、蜀書、呉書に分かれていて、それぞれ魏書三〇巻、蜀書一五巻、呉書二〇巻の合計六五巻から成っています。

その魏書の最後の三〇巻目の末尾に「烏丸鮮卑東夷伝」という、中国の北方および東方にいた異民族に関する項目が設けられていて、その最後の「東夷伝（とういでん）」の、さらにその最後に「倭人条（わじんじょう）」というものがあります。この倭人条を「魏志倭人伝」と呼んでいます。『三国志』は、西晋（せいしん）の西暦二八〇年代に成立したとされています。

三国時代の結末について見ていくと、まず二六三年に蜀が魏によって滅ぼされます。しかし、その滅ぼした側の魏も二六五年に禅譲（ぜんじょう）によって西晋にとって代わられ、二八〇年には呉がその西晋に滅ぼされていわゆる三国時代は終わります。

ですから、二八〇年代に完成した『三国志』は、三国時代が終わった直後に書かれた三国時代の歴史ということで、かなり信頼性の高い書物だと言えます。

撰者の陳寿は蜀の国で二三三年に生まれ、その後西晋に仕え、二八〇年代に『三国志』を完成させた後、二九七年に亡くなっています。

魏志倭人伝の記述ですが、邪馬台国までの行程記事や倭の習俗・産物などを記した箇所は、魏の時代に倭国にやって来た魏の使いが帰国したあとに提出した復命報告書が原史料になっているという説が有力です。具体的には、二四〇年に来倭した梯儁（ていしゅん）の報告書や二四七年に来倭した張政（ちょうせい）の報告書が想定できます。

邪馬台国は文献上の存在である

邪馬台国論争は、江戸時代の一七一六年、新井白石（あらいはくせき）の『古史通或問（こしつうわくもん）』に始まったとされます。以来、三〇〇年にわたって論争が繰り広げられてきましたが、いまだに結論は出ていません。

その「邪馬台国」は、「魏志倭人伝」にただ一度だけ言及されています。

当時の日本の文字資料はありませんから、「魏志倭人伝」によって「三世紀前半の日本のどこかに邪馬台国が存在した」ということが現代まで伝わったのは奇跡的とさえ言えます。

そして、「魏志倭人伝」は、朝鮮半島北西部にあった魏の帯方郡（たいほうぐん）から邪馬台国に至る行程についても書き記しています。ですから、本来、その行程を辿れば邪馬台国の場所が判明するはずなのです。

にもかかわらず論争が決着せず、現在、日本中に「邪馬台国」が乱立しています。その原因は、行程記事の一部が不明瞭な記述となっていることにあります。

また、近年では、「魏志倭人伝」の記事解釈を放棄した論調も見られます。三世紀前半から半ばにかけての遺跡を、行程記事を無視して強引に「邪馬台国」と結びつけようとするような姿勢です。

しかし、その遺跡がいかに大規模で、王都を思わせるようなものであったとしても、記事解釈による行程が及ばないのであれば「邪馬台国」とは特定できないはずです。「邪馬台国」の時代に併存した別の国である可能性を捨てきれないからです。後世に名を残さなかった多くの国の一つだったかもしれないのです。

論争の原点に戻れば、「邪馬台国は文献上の存在である」と言えます。「邪馬台国」を探求しようと思えば、少なくとも「魏志倭人伝」を丹念に読み解いていかなければなりません。その解釈のなかにしか答えはありません。

「魏志倭人伝」は二〇〇〇文字弱の漢文ですが、意外と詳しく倭の地を描き出しています。それを読んでいくと、はたしてどのような三世紀の日本が見えてくるのでしょうか。

第一章

行程記事を読む（一）帯方郡～伊都国

では、「魏志倭人伝」の全文を読んでいきましょう。

最初に申し上げておきますが、魏志倭人伝に書かれている国名・官職名・人名などについてはじつに様々な読み方が提示されています。しかし、どの発音が正解なのかという確定には至っていません。とは言いながら、難解な漢字に読み仮名がないと快適に読み進めていただけないと思います。そこで、本書では筆者が一般的に認知されているだろうと考える読み方で仮名を振りました。

また、訳文には筆者の意訳が含まれていることを先にお断りしておきます。

なお、巻末の「魏志倭人伝」全文および本編中に表示する原文は、筆者の判断で適宜新字体に変更したものです。

倭人の国

倭人在帯方東南大海之中　依山島為国邑　旧百余国　漢時有朝見者　今使訳所通三十国

（訳）倭人は帯方郡の東南の大海の中にいる。山や島に依ってクニやムラを作っている。もとは一〇〇余国に分かれていた。漢の時代に朝見してきた者がいた。いま、魏の時代に郡使や通訳が行き来しているのは三〇国である。

魏志倭人伝はこのように始まります。

ここで登場する「帯方郡」は朝鮮半島北西部にありました。この地域一帯を治めていた公孫氏の公孫康が、紀元前一〇八年から存続していた楽浪郡を西暦二〇四年に分割して生まれた郡です。南北に分割され、南半分が帯方郡となりました。

その帯方郡は高句麗によって占領される三一三年まで続きます。魏という国が存在したのは二二〇年から二六五年ですので、魏の時代にずっと継続して置かれていた郡ということになります。

朝鮮半島では帯方郡以北が魏の領域であり、南側の韓国（馬韓・辰韓・弁韓）は異民族の地となります。ですから、「魏志倭人伝」は倭人のいたところを魏の帯方郡から見て「東南」と書いているのです。

「もとは一〇〇余国に分かれていた」というのは、前漢時代（紀元前二〇六年～紀元後八年）を書いた『漢書』地理志に、倭人の国が〈分為百余国〉（一〇〇余国に分かれている）という記事がありますから、そこからの引用だと考えられます。「漢の時代に朝見してきた者がいた」というのも、同書記事の〈以歳時来献見〉（定期的に使いが来て朝貢している）から引用した可能性があります。

あるいは、陳寿が後漢時代の朝貢記録を知っていたのかもしれません。

五世紀に成立した『後漢書』には、西暦五七年と一〇七年の朝貢記事が見られます。五七年の朝貢では、当時の光武帝から印綬（下げるための紐が付いた印章）を下賜されたと記されています。これは博多湾の志賀島から出土して国宝になっている有名な「漢委奴国王（漢の倭の奴の国王）」の金印だとされています。また、一〇七年には倭国王帥升が生口（一般的には「奴隷」あるいは「捕虜」とされる）一六〇人を献上したという記事も見られます。

それらの朝貢記録は後漢時代のものですから、三国時代を著述した『三国志』には収載されなかっただけで、陳寿もそういう記録には目を通していたと考えることができます。

そして、漢の時代に一〇〇余国あった国の数が魏の時代には三〇国に減っています。

これは、「魏志倭人伝」の後段で、西暦一〇〇年代に「倭国乱（倭国が乱れた）」と記されますが、そのような戦乱を経て国が統合されていった結果だとみる説が有力となっています。

さて、さっそく邪馬台国（やまたいこく）への行程記事が始まります。

狗邪韓国

従郡至倭　循海岸水行　歴韓国乍南乍東　到其北岸狗邪韓国七千余里

（訳）帯方郡から倭に至るには、海岸にそって水行し、南進・東行しながら韓国を経ていく。七〇〇〇余里で倭の北岸である狗邪韓国（くやかんこく）に到達する。

邪馬台国への行程の出発地点は帯方郡です。その郡治（ぐんち）（役所の置かれた所）がどこにあったのかについては、いくつかの説があり結論は出ていません。しかし、そのなかでは現在の韓国ソウル市付近という説が最も有力ですから、それに従って帯方郡を出発します。

すると、七〇〇〇余里の先に狗邪韓国があったと記されています。

【検証】狗邪韓国は倭の国か？　韓の国か？

狗邪韓国への行程記事は、従来から論争の的になっている箇所です。

一つは、狗邪韓国は倭の国なのか、韓の国なのかという論点です。

もう一つは、帯方郡から狗邪韓国への経路が朝鮮半島沿いの海を行ったものなのか、それとも内陸を行ったものなのかという論点です。

まずは、狗邪韓国が倭の国か否かということについて考えます。

結論から言えば、筆者は倭の国で間違いないと考えています。それは、「魏志倭人伝」の前段である「韓伝（かんでん）」にこのような記述が見られるからです。

韓在帯方之南　東西以海為限　南与倭接（「**韓伝**」）

（訳）韓は帯方郡の南にある。東西は海をもって限りとなし、南は倭と接す。

つまり、韓と倭は海で隔てられることなく境界を接していたと明記されているのです。もし、朝鮮半島の南端までが韓の地であるなら、「東西および南は海をもって限りとなし」と書かれるはずです。

また、記事では韓国を「歴（原文は歴）」して狗邪韓国に「到」と書かれています。「歴」は「経る、過ぎる、越える（超える）、飛び越える」という意味ですから、韓国を「歴」して韓国に「到」では、文脈上おかしなことになってしまいます。

それに目を瞑って狗邪韓国が韓国であると仮定するなら、ここで「到」のは〈其『南』岸狗邪韓国〉（この場合、「其」は韓国を指すことになります）と書かれるだろうと推測します。

それに対して、「韓伝」で辰韓と弁辰（弁韓）にあった二四国として名前を列挙されているうちの「弁辰狗邪国」が狗邪韓国のことである、すなわち韓国の一国なのだとする反論もあります。

「倭と接している」というのは韓国の領域である朝鮮半島の南岸が、倭の領域である海と接しているのだという説です。「其北岸」という文言については、倭の海から見た北岸、あるいは倭の国である対馬国（つしまこく）から見て海峡を挟んだ対岸（北岸）を意味すると解釈するのです。

しかし、これも「韓伝」中の弁辰について書かれた次の一文によって否定されます。

其瀆盧国　与倭接界

（訳）その瀆盧国（とくろこく）は倭と境を接している。

「其（その）」は弁辰を指します。この弁辰瀆盧国は、先に述べた二四国のなかで弁辰狗邪国と並んで名前の記される国です。

「韓伝」は、倭と接していたのは瀆盧国だとわざわざ特定しているのです。それも「界」（境の意）を接していると記しています。

朝鮮半島の南岸にあったのは瀆盧国だけではありません。狗邪韓国を韓の国だとすると、少なくとも海に面した狗邪韓国（弁辰狗邪国）はそのひとつとなります。しかし、倭と境を接していると書かれるのは瀆盧国だけなのです。明らかに矛盾が生じます。先ほどの朝鮮半島南岸と倭の海とが接するという拡大解釈には無理があるということになるのです。

このように、狗邪韓国は倭の領域の最も北側の国であり、最も帯方郡に近い国だったと考えてよいと思います。ただし、付記しておきますと、「韓伝」と魏志倭人伝の記事における時間差を排除しきれません。例えば、「韓伝」の瀆盧国が、魏志倭人伝の時期には狗邪韓国（弁辰狗邪国）に併呑されていた可能性などです。

【新解釈】狗邪韓国への行程記事は具体的な経路なのか？

さて、帯方郡から狗邪韓国へ海岸沿いに航海したのか、内陸部の河川や陸路を行ったのかという論点に移れば、断定は難しいと考えます。この記事以外に参照できる資料がないからです。それで、いわゆる「海岸説」と「内陸説」が水掛け論的な論争にはまり込んでしまっているのです。

筆者は、梯儁（ていしゅん）たち郡使一行は船で海路を行った可能性が高いと考えていますが、証拠を提示することはできません。

しかし、魏志倭人伝の帯方郡から狗邪韓国への行程記事について言えば、「海を行ったのか」「内陸を行ったのか」ということ以前に、この記事が本当に具体的な経路を表現したものなのかということに疑問を持っています。

魏志倭人伝の行程記事の冒頭にあたるこの部分は、帯方郡から見て倭人の最初の国である狗邪韓国の位置を示すべき箇所です。

そう考えると、韓国を経ていくということは副次的なものと言えます。具体的にどこを通るかということを説明する必要はないのです。帯方郡から見て狗邪韓国がどの辺りにあるかを記すことこそが重要なのです。

帯方郡からの出発時点では〈循海岸水行〉（海岸にそって水行）したとしても、そのあとどの道を通るかは重要な問題ではないのです。

だから、この記事はあくまでも観念的に「帯方郡から韓国の領域を七〇〇〇余里、南進および東行した所に狗邪韓国がある」と述べているにすぎないのではないかと考えています。

「韓伝」は、先ほどの「東西は海で限られ、南は倭と接する」という記述に続けて、韓の地は〈方可四千里〉（縦横四〇〇〇里ばかり）、つまり四〇〇〇里四方だと書いています。

そして、現在の金海市付近にあったとされる狗邪韓国はちょうど帯方郡から南へ約四〇〇〇里、東へ約三〇〇〇里ほどの位置にあります。魏志倭人伝の「帯方郡から南および東へ七〇〇〇余里」という記述は、直前の「韓伝」とも正しく整合していると言えるのです（図1）。

図1　帯方郡と狗邪韓国の位置関係

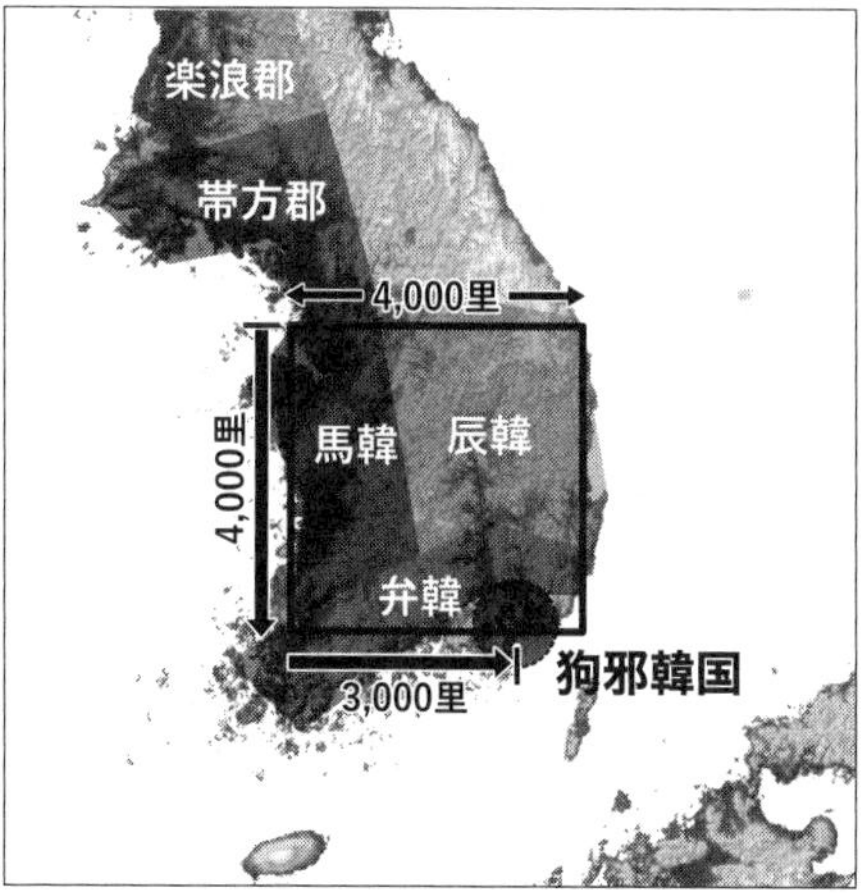

※地理院地図（電子国土Web）をもとに作成

対馬国

始度一海千余里至対馬国　其大官曰卑狗副曰卑奴母離　所居絶島方可四百余里　土地山険多深林　道路如禽鹿径有千余戸　無良田食海物　自活乗船南

北市糴

（訳）狗邪韓国から初めて海を一〇〇〇余里渡ると対馬国に着く。大官は卑狗（ひく）といい、副官は卑奴母離（ひなもり）という。住んでいるのは絶海の孤島で、四〇〇余里の方格（ほうかく）に収まるほどの大きさである。山は険しく、深林が多く、道路はけもの道のようである。一〇〇〇余戸ある。良い田はなく、海産物を食べている。船に乗って南北に行き交易することで自立して生活している。

対馬国は現在の長崎県対馬市のある対馬島で間違いありません。

ここで述べられる「一海を一〇〇〇余里渡る」の一〇〇〇余里という距離ですが、当時は海上での距離を正確に測ることはできなかったと思われます。

中国では古代から天文学が発達していて、南北の距離は「一寸千里の法」という方法で測ることができたといわれますが、基本的に「一寸千里の法」の測定日は夏至とされます。ここで「一寸千里の法」が用いられたとは思われません。

筆者は未確認ですが、天気の良い日には対馬から朝鮮半島が見えるという話を聞きますし、船で出航してある程度進めば対馬が見えてくるのは確かでしょうから、距離は目視だった可能性が高いと思います。

ここでは日が昇るとともに出航して、日が暮れるまでに目的地に入港する、それを「一海を渡る一〇〇〇余里」というように慣用句的に用いているのではないかと考えます。

対馬の大きさを表す「方四〇〇余里ばかり」の訳文に「方格」という言葉を用いました。地図上の方眼のことです。現在私たちが目にする地図に入っている縦横の線が格子状になったものです。

後段で地図について考察しますが、筆者は『三国志』魏志倭人伝の原史料となった梯儁たちの報告書に倭の地図が添付されていたという説を提唱しています。

この「方」の解釈は、そこからの発想です。実際には縦に長い対馬が地図上で、例えば一〇〇里一マスの方格とすれば、縦四マス横四マスから少しはみ出す程度の大きさで描かれていたことを表しているのではないかと推察しています。

対馬国の記事では島の様子も記されています。対馬は地勢が険しく耕作地もほとんどないので、主に海を舞台に生活していたことが描かれています。対馬の人々が交易していた「南北」というのは、朝鮮半島や壱岐島(いきのしま)、九州本土のことです。

さて、邪馬台国を目指した郡使たちが立ち寄り、大官の卑狗や副官の卑奴母離と会った対馬国の拠点集落はどこにあったのでしょうか。

対馬にはいくつか遺跡の集中する地域がありますが、南北との交易が最も色濃く見えるのは島の中部西岸にある三根(みね)湾です。タカマツノダン遺跡、サカドウ遺跡、木坂(きさか)遺跡などからは北部九州や朝鮮半島の青銅器が出土しているようですから、郡使たちの船団は三根湾に入港した可能性が高いと思われます。

一大国

又南渡一海千余里名曰瀚海至一大国　官亦曰卑狗副曰卑奴母離　方可三百里　多竹木叢林　有三千許家　差有田地耕田猶不足食　亦南北市糴

（訳）対馬国から、また南へ、瀚海(かんかい)と呼ばれる海を一〇〇〇余里渡ると一大国(いちだいこく)に着く。官は対馬国と同じく卑狗であり、副官も卑奴母離である。一大国は三〇〇里の方格に収まるほどの大きさである。竹やぶや樹木の繁る林が多い。三〇〇〇ばかりの家がある。少しだけ田地はあるが、田を耕しても食は足りず、対馬国と同様に南北と交易している。

対馬国と一大国の間の海は「瀚海」と呼ばれています。これは「広大な海」という意味です。水先案内を務めた倭人たちが「広い海」と呼び習わしていたのを、瀚海と表記したのでしょう。

一大国は、現在の壱岐島です。郡使たちが到着したのは、多重の環濠（かんごう）を持つ大きな集落で、国の特別史跡にも指定されている原（はる）の辻（つじ）遺跡だというのが通説となっています。一大国の官である卑狗と副官の卑奴母離については、対馬国と同じであると書かれています。

この卑狗・卑奴母離も含めて魏志倭人伝に登場する官・副官の名称については、官職名とみる説と個人名とみる説があります。

魏志倭人伝では、ほかの国にも多くの官と副官が記されていますが（表1）、同じ名

表1　各国の官と副官

国名	官	副
対馬国	卑狗（大官）	卑奴母離
一大国	卑狗	卑奴母離
末盧国	—	—
伊都国	爾支	泄謨觚　柄渠觚
奴国	兕馬觚	卑奴母離
不彌国	多模	卑奴母離
投馬国	彌彌	彌彌那利
邪馬台国	伊支馬	彌馬升　彌馬獲支　奴佳鞮

称が用いられるのは対馬海峡に面した国に現れる、この卑狗と卑奴母離だけですから、個人名と見るのが妥当だと考えます。

すると、卑狗という人物は対馬国と一大国の二国を取り仕切っていたことになりますが、それが、対馬国の記事で「大官」とされている理由ではないでしょうか。邪馬台国までの国々に多くの「官」が記されていますが、「大官」とされているのは卑狗だけです。

対馬国と一大国は、対馬海峡の交易ネットワークという視点から見ると、その中継地点として同じ機能を備えています。それを束ねる人物が卑狗ひとりであったとしても不思議ではありません。

一大国の記事にも〈方可三百里〉（方は三〇〇里ばかり）という記述が見られます。これも、対馬国の場合と同様、一大国が地図上で三〇〇里の方格に入るぐらいの大きさに描かれたことを表したものだと考えます。

末盧国

又渡一海千余里至末盧国　有四千余戸　浜山海居　草木茂盛行不見前人　好捕魚鰒　水無深浅皆沈没取之

（訳）一大国から、また海を一〇〇〇余里渡ると末盧国（まつらこく）に着く。四〇〇〇余戸ある。山が海に迫り、その間の山すそや浜に居住している。草木が盛んに茂り、前を歩く人が見えないような道もある。人々は好んで魚や鰒（あわび）を捕る。海が深いか浅いかに関係なく、皆潜ってこれらを捕っている。

魏志倭人伝の行程記事はいよいよ一大国＝壱岐島から九州島にあった末盧国（まつらこく）に上陸します。

この上陸地点に関してはいくつかの説が提示されています。

昔から最も一般的なのは、唐津(からつ)湾奥の平野部分に上陸したという説です。日本最古の水稲耕作遺跡である菜畑(なばたけ)遺跡や、これも少し時代は古いですが末盧国の王墓であると考えられている桜馬場(さくらのばば)遺跡がある付近です。

次に有力なのは、唐津湾まで入らずに東松浦(ひがしまつうら)半島の北岸の呼子(よぶこ)辺りに上陸したのだという説です。またほかには、博多湾上陸説や宗像(むなかた)市の方にまで行ったのだという説もあります。

多くの説が現れるのには、距離と方角が関係しています。一大国から末盧国までは〈千余里〉とされていますが、末盧国を唐津湾奥と想定すると、その距離が、同じように〈千余里〉とされている狗邪韓国から対馬国ならびに対馬国から一大国の距離に比べて短いということと、一大国から末盧国への行程記事には方角が明記されていないということがあります。そこに、様々な仮説を立てる余地があるのです。

筆者は、最もオーソドックスな唐津湾奥説を採用したいと考えます。それは先に述べたように、当時は海上の正確な距離は測れず、〈渡一海千余里〉は慣用句的に用いられているように見えるからです。また、方角に関しては、文頭の「又」に「対馬国から一大国への行程と同じく『南へ』」という意味が含まれると考えています。

そして、もうひとつの大きな理由は、行程記事において次の国として語られる伊都国からの逆算です。これは、伊都国の位置とも関係するので後述します。

ところで、この段に記されている「草木が茂って前を行く人が見えない」という記述ですが、よく末盧国から伊都国への道の様子だとして引用されています。実際に伊都国への道もそうだった可能性は否定できませんが、文章を厳密に読むと、これは末盧国内の様子を描いたものだということがわかります。伊都国への行程とは無関係の記述になっています。

梯儁の報告書に添付された地図の話とも関わってきますが、筆者は倭地の調査隊が末盧国内を歩いて探索したときの様子が記録されたのだと考えています。

【検証】一里は何メートルなのか？

九州島に上陸したこのタイミングで、一里は何メートルなのかということについて考えておきます。

魏の一里は、現在のメートル法に換算すると約四三五メートルほどだったといわれています。すべてを調べたわけではありませんが、『三国志』内においてもほぼその尺度が用いられているようです。

しかし、「魏志倭人伝」と「韓伝」は尺度が異なっています。明らかに短い尺度が用いられているのです。

魏の一里で魏志倭人伝の行程を辿れば、はるか南の赤道を越えて、パプアニューギニア辺りに邪馬台国があったことになるというのは、よく語られる話です。

そこで、昔から多くの研究者がいわゆる「短里」というものの存在を想定してその尺度を求めてきました。その多くは五〇メートルから一〇〇メートルの間に推定されています。

筆者もそれに倣って一里を求めようとしました。その際、まずは魏志倭人伝の記述のなかから求めるのが最も正攻法で、近い値が求められるはずだと考えました。

しかし、じつは算出に使える行程というのはほとんどないのです。九州島上陸後は魏志倭人伝に登場する国々の位置がまだ確定されていないので、用いることができません。ほぼ確実だと言えるのは、ここまで読んできた対馬海峡を渡る一〇〇〇余里、一〇〇〇余里、一〇〇〇余里の合計三〇〇〇余里だけです。魏志倭人伝が対馬海峡を三〇〇〇里ほどだと考えているのは確かだと言えますが、行程記事のなかで使えるのはこの数値だけなのです。

とはいえ、そこからどういう結果が得られるかを見てみましょう。

朝鮮半島南部の金海市から唐津市までの行程を約二二〇キロメートルとします。それが三〇〇〇里だとすると、一里は約七三メートルとなります。

それと、もうひとつ、これは魏志倭人伝ではありませんが、「韓伝」に使える数字があります。先述の韓の地が方四〇〇〇里だという記事です。この記事からは、朝鮮半島の東西がだいたい四〇〇〇里と考えられていたことがわかります。

朝鮮半島南部のおおよその東西距離を二六五キロメートルとします。それが四〇〇〇里だとすると、一里は約六六メートルとなります。

対馬海峡と朝鮮半島の二ヶ所で、似通った二つの数字が得られました。

この結果から、筆者は一里約七〇メートル説を採用しています。

伊都国

東南陸行五百里到伊都国　官曰爾支副曰泄謨觚柄渠觚　有千余戸　世有王皆統属女王国郡使往来常所駐

（訳）末盧国から東南の方角に延びる陸路を五〇〇里行くと、伊都国に到着する。官は爾支（にき）といい、副官は泄謨觚（せもこ）と柄渠觚（へここ）という。一〇〇〇余戸ある。伊都国には代々王がいたが、いまは皆、女王国に統属されている。郡使が、帯方郡と邪馬台国およびそのほかの倭地の目的地との間を行き来するとき、いつも駐留する所である。

この記事からは、伊都国には代々王がいたり、郡使たちの滞在施設があったことが読み取れます。伊都国が特別な国であったことは明らかです。戸数が一〇〇〇余戸しかないにもかかわらず、副官は二名います。副官が複数いるのは邪馬台国と伊都国だけです。伊都国はコンパクトでありながら重要な国だったと考えられます。

伊都国の比定地は現在の糸島（いとしま）市というのが定説になっています。それは、糸島市には実際に代々の王墓と推定されている三雲南小路（みくもみなみしょうじ）遺跡や井原鑓溝（いわらやりみぞ）遺跡、平原（ひらばる）遺跡という遺跡があるからです。

なおかつ、後段で語られる中国大陸や朝鮮半島と邪馬台国との中継地点として、港があり、そこで文書や物品を臨検していたという立地とも整合しています。

加えて、古地名からみて糸島市に「怡土（いと）郡」があったことも有力な根拠とされています。ただし、この古い地名はいつごろから使われて、いつごろ定着したか、なかなか検証しようがないという問題があることは付記しておきます。

以上のことから、現在のところ伊都国＝糸島市説というのは邪馬台国論では数少ない定説と言ってよいと考えます。ほかの地域で、そこが確実に伊都国だったと断定できるような物証でも出土しない限り覆ることはないでしょう。

ところが、そうであればここで解決しなければならない、大きな問題が立ちふさがります。

それは方角の問題です。

伊都国は末盧国から〈東南陸行五百里〉の所にあったと記されますが、末盧国を唐津市とすると糸島市は東北東の方角になります。仮に末盧国を呼子だとしても東南にはなりません。

この〈東南陸行〉の謎については、次の伊都国の王に関する考察の後に考えていきます。

【新解釈】伊都国の「王」と女王国の「女王」の関係について

伊都国の記事に現れる〈世有王皆統属女王国〉の訳文については従来からいくつか異なった解釈がなされています。

(一) 代々王がいるが、皆、女王国に統属している(されている)

これは、伊都国には代々王がいるが、それらの王は昔もいまも皆、女王国の統治下にある、という主旨の読み方です。

(二) 代々王がいたが、皆、女王国に統属していた(されていた)

これは、伊都国には以前、代々の王がいたが、その王たちは皆、女王国の統治下にあった。ただし、いまは王はいない、という読み方です。

（三）代々王がいるが、皆、女王国を統属している

これは、少々変わった読み方で、一、二とは逆に、伊都国にいる代々の王が、女王国を治めている、という読み方です。

多くの人がこの三つの説のどれかを採用されていると思います。

このうち、三の読み方については、卑弥呼（ひみこ）が王として共立された過程と伊都国が卑弥呼を共立した国のひとつだと考えると、文脈的に成り立たないと判断できます。

では一か二のいずれかが正解なのかと言いますと、どちらも何かストンと腑に落ちないのです。

この一文を正しく読むためにはまず、「王」のあり方について考える必要があります。

魏志倭人伝では、すべての国に王がいるわけではなく、また「王」と「官」は明らかに書き分けられているからです。

「王」については、魏志倭人伝後半に「卑弥呼の共立」に関してこのような記述があります。

〈其国本亦以男子為王住七八十年　倭国乱相攻伐歴年　乃共立一女子為王　名曰卑弥

呼〉（その国はもとまた男子を王として七、八〇年治まっていた。その後、倭国が乱れ、互いに攻撃し合うことが何年も続いた。そこで、ひとりの女子を共立して王とした。名前を卑弥呼という）

「その国」というのは、領域に違いはあるかもしれませんが、女王国の母体となった国、女王国の前身と考えてよいでしょう。

その国は男王の下で治まっていましたが、倭国の乱を経て卑弥呼を共立します。この時点で卑弥呼は三〇国の「女王」になるわけです。三〇国というのは、狗邪韓国から邪馬台国までの行程記事に登場する九ヶ国と、その傍らにあったと列記される二一の国々（後述）の合計を女王国の領域と考える場合の数です。つまり、卑弥呼は国という単位の、その上に君臨する存在だといえます。

では、倭国乱の前にいた男王はどうでしょうか。

魏志倭人伝は、〈本亦〉男王の下で治まっていたと記しています。「本亦」は、「もともといまと同じように」という意味です。したがって、男王も卑弥呼同様、複数の国の上に君臨する存在だったと考えられるのです。

この男王を伊都国記事の「代々の王」のことだと推測すれば、伊都国にいて傘下の国を治めていたということになります。その領域は、少なくとも、狗邪韓国、対馬国、一大国、末盧国を含んでいたのではないでしょうか。あるいは奴国、不彌国まで広がっていたかもしれませんし、さらに広い地域まで及んでいたかもしれません。

このように「王」が複数の国の上に君臨する存在だとすると、先に見た三つの読み方すべてに矛盾があることがわかります。

伊都国で複数の国の上に存在していた「王」は、卑弥呼を「王（女王）」とする女王国の体制のなかで「王」としてあり続けることはできません。前の「王」は排除されるか、あるいは魏志倭人伝の記す「官」のような存在に変わるのではないでしょうか。

ここで念のために付け加えておきますが、この「王」「官」については、あくまでも来倭した郡使の目を通して表現されたものですから、当時の倭の地で用いられていた名称ではないと考えられます。しかし、だからこそ、魏志倭人伝中の「王」という言葉は同じ定義で用いられている可能性が高いとも言えるのです。

もうひとつ、これは考古学的成果とも関連しますが、伊都国にいた「王」の生存期間と女王国の誕生時期の関係です。

　卑弥呼が共立されて、女王国が「女王」の国として成立したのはいつでしょうか。卑弥呼が西暦二四七年ないし二四八年に没したとすると、古く見積もっても西暦一八〇年を遡らないのではないかと推定できます。

　一方、伊都国に比定されている現在の糸島市には、三雲南小路遺跡、井原鑓溝遺跡、平原遺跡という王墓級の墓が見つかっている遺跡があります。最も新しい平原遺跡は西暦二〇〇年以降の可能性も一部指摘されていますが、三つの遺跡はおおむね二〇〇年以前であろうと考えられています。

　すると、これらの墓は、倭国乱以前に伊都国にいた男王の墓である可能性が高まります。そして、卑弥呼が亡くなった三世紀中ごろの王墓は見つかっていません。

　この考古学の成果を考慮すると、
・まず、二世紀前半（あるいは一世紀後半）〜二世紀後半にかけて、伊都国に男王がいた
・次に、二世紀後半に倭国が乱れた
・そして、二世紀末〜三世紀初頭にかけて、卑弥呼が共立された

という魏志倭人伝から読み取れる歴史の流れが真実味を帯びてきます。

では、ここまでの考察でわかることをまとめます。

（a）「王」は複数の国の上に君臨する存在である
（b）倭国の乱以前の「王」は代々、伊都国にいた
（c）女王国は倭国の乱のあとに卑弥呼を共立して誕生した

すると、三つの読み方がすべて成立しないことが明確になります。

なぜなら、伊都国の「王」と女王国の「女王（＝卑弥呼）」は、「王」という立場で併存しないからです。そして、伊都国の王がいたのは、女王国の成立以前ということになりますから、伊都国の王が女王国に統属されたり、統属したりすることは理論上あり得ないことになるからです。

そして、そうであるならば、女王国に統属されている「皆」というのは何なのだとい

うことになります。王が併存しない以上、この皆は王を指すものではないということになるのです。

これが何か腑に落ちないという原因なのかもしれませんが、伊都国王という「王」が、女王国という「国」に統属されるということがあるのだろうかという疑問があります。

ここまで見てきたように「王」は「国」の上に君臨するものだからです。それと、これは多分に感覚的なもので上手く説明できませんが、人が統属されるのは人であり、国が統属されるのは国であるように思えるのです。許容範囲を広げて、国が人に統属される可能性は認めるとしても、人が国に統属されるということがイメージできないのです。

すると、女王国に統属されている「皆」というのは「国」だと考えられます。皆は複数を表しますから伊都国だけでなくほかの国々も含みます。つまり、文脈から考えると、伊都国にいた王がその上に君臨していた国々のことだと思われます。対馬国や一大国、末盧国などのことです。

では結論として、どのような読み方ができるでしょうか。

ここまでの考察をまとめると、筆者はこのように読むのが正解だと考えます。

伊都国には代々（対馬国、一大国などの国々をまとめる）王がいたが、（倭国の乱を経て、過去にいた王の勢力下の国々は）いまは皆、女王国に統属されている。すなわち、伊都国に王がいた時代に、その王の傘下にまとまっていた国々は、いまはすべて女王国の構成国になっている、と読むのが正しい解釈だと考えます。

【新説】東南陸行の謎と梯儁報告書の地図

《梯儁に命じられた倭地調査》

魏志倭人伝は末盧国から伊都国への行程を〈東南陸行五百里到伊都国〉（東南へ五〇〇里陸行すると伊都国に到る）と記しています。

しかし、末盧国を唐津市、伊都国を糸島市だと想定すると、末盧国から見て伊都国は東北東の方角にあります。決して東南ではありません。

そこであくまでも東南という方角にこだわる人は唐津から東南の小城（おぎ）市、佐賀市方面に進もうとするわけですが、そこで代々の王墓や、臨検する港といった条件を満たす伊都国を探し出すことはできていないように見えます。これらの人々は現状では異端派と言えるでしょう。

対する伊都国＝糸島市とする主流派は、昔から解決策を考えてきました。

ひとつは、郡使たちが倭に来た夏至のころは太陽の昇る位置が北側にずれるので、郡使たちは東を見誤ったのだという見解です。筆者も最初はなるほどと思いましたが、中国では古代から天文学が発達しています。当然そのようなことは周知の事実ですし、夏場でも正午に太陽が南にあることは変わりません。まず間違えることはないでしょう。

もうひとつは、「歩き始めた方向が東南だった」とする見解です。筆者の説もこれに準ずるものですが、ただこれだけだとまったく説明不足で、説得力に欠けます。

伊都国は糸島市であるということは考古学的な物証からみると非常に強力な定説と言えます。しかし、それが真の定説となるためには、この「東南陸行」の謎を解かなくてはならないのです。なぜ、そのような記述になったのかをです。

それが、「梯儁の報告書に地図が添付されていた」という説なら、解決できると考えています。

魏志倭人伝の原史料は、二四〇年に来倭した梯儁たちの復命報告書だったというのはほぼ定説となっていますが、そもそも梯儁たちはどのような経緯で倭の地にやってきたのでしょうか。

三世紀初頭、朝鮮半島北部には遼東（りょうとう）地方や楽浪郡、帯方郡を治めていた公孫氏という勢力がいました。

この公孫氏は魏に反旗を翻しますが、二三八年に司馬懿（しばい）によって滅ぼされてしまいます。

それと同時に、倭の女王卑弥呼が、難升米（なしめ）という者たちを派遣して、初めて魏に朝貢します。公孫氏が健在の間は、魏と倭に直接的な交渉はなかったと東夷伝の序文にも記されています。つまり、二三八年に初めて公式の交渉が行われたわけです。

そして、この卑弥呼の最初の朝貢に呼応して、倭に送られるのが梯儁たち郡使一行なのです。

梯儁たちに託された直接の使命は、女王卑弥呼に魏の皇帝からの金印紫綬（きんいんしじゅ）や詔書などを届けることでした。

しかし、その経緯を考えると、この表向きの使命とは別に、重要な使命が与えられていたと考えることができます。

それは、「倭の地の詳細な調査」です。

公孫氏の討伐と同時に朝貢してきたとはいえ、卑弥呼の女王国は魏にとって未知の国です。どれほど強力な国かもわかりませんし、近い将来、魏に反旗を翻す可能性も十分に考えられるのです。当時、魏は呉と対立していましたが、呉と同盟を結ばれたりしたら大変な脅威となるわけです。

ですから、梯儁たちには女王国の詳細な調査が命じられていたはずです。

では、その調査項目にはどのようなものが考えられるでしょうか。

(1) 帯方郡から女王国の都のある邪馬台国までの行程や経由国
(2) 経由各国の人口や土地の様子
(3) 女王卑弥呼の性質
(4) 女王国の統治体制
(5) 倭の地の産物や動植物、武器等
(6) 倭人の習俗

（7）そのほか、有益な伝聞情報など

以上のようなものを挙げることができるでしょう。

筆者は、これにもうひとつ、

（8）倭の地の地図

というものがあったのではないかと考えました。

女王国を中心とした倭地の地図を作製するという使命です。

では、なぜ地図なのかと言えば、地図は国々の位置関係やそれを繋ぐ道を、第三者に明確に伝える最適な手段だからです。複数の人間が同じ認識を共有できるメディアと言ってよいかもしれません。

地図の持つ特性によって、梯儁報告書の地図には二つの優れた使い道が考えられます。

一つは、行程の再現です。

報告書は、その目的である女王国の国々の絶対的な位置を明示して、次回以降の郡使が迷うことなく邪馬台国へ辿り着けるように、その行程を書き記す必要があります。しかし、それを文章のみで実現するのは至難の業です。それは、魏志倭人伝の記事から、現代の私たちがその道筋を明確に再現できていないことからも明らかです。

その再現性のある行程の明示には地図こそが最適なのは言うまでもありません。

もうひとつは、戦略・戦術の立案に非常に役立つという利点です。魏が近い将来、女王国と戦争状態になったときに、どのように兵を動かし、どのような戦法で女王国を攻略するのかを考えなくてはなりません。そこで、女王国の地図が手元にあるのとないのとでは雲泥の差が出るのは火を見るより明らかです。

そういう理由で、魏は倭の地の地図作製を急いだのだと思います。筆者は、きっと梯儁たち一行には倭地調査隊が同行しており、そのなかには測量や地図作製の専門家がいたはずだと推測しています。

《中国の地図》

さて、この「地図」ですが、邪馬台国論ではこれまでまったくと言ってよいほど言及されてきませんでした。そのため突然地図だと言っても、三国時代の中国に本当に地図はあったのかと思われるかもしれません。

しかし、中国では紀元前から地図は作製されていたのです。紀元前一七世紀から紀元前一一世紀という太古に存在した殷の時代から地図はあったといわれています。実際に発掘されたものとしては、中国の甘粛省天水市の放馬灘の秦墓（秦代の墓）から出土した松の板に描かれた地図があります。これは、戦国時代の秦の行政区画図で、長さ二六・四センチメートル、幅一七・七センチメートル、厚さ一センチメートルの板の表裏両面に、墨で山、川、道路、関所が描かれ、地名が隷書体で書かれています。この地図は、紀元前二七〇年ごろまで遡るのではないかと考えられています。

また同じ放馬灘の漢墓（前漢代の墓）からは紙に描かれた地図が出土しています。この紙は世界最古のものであるとされ、前漢時代の文帝・景帝（紀元前一八〇年から紀元前一四一年）のころのものであると推定されています。

また、一九七二年に湖南省の馬王堆漢墓からも絹の布に描かれた地図が出土しています。これは、生前の姿を留めた女性の遺体が発見されて、世界的に注目を浴びました。ここには三つの墓があり、一つ目は前漢時代の丞相であった利蒼という人の墓であり、二つ目がその妻の辛追の墓で、見つかった遺体は辛追のものです。

そして、地図が出土したのは三つ目の墓で、それは二人の子供が被葬者だと考えられ、埋葬年は紀元前一六八年とされています。

出土した三枚の地図のうち一枚は駐軍図と言われ、当時の戦陣を記したものでした。すでに地図が軍事的に利用されていたことを示しています。

そして、この地図については、東洋地図学史の研究で多くの業績を残した大阪大学の海野一隆名誉教授が、「地圖學的見地よりする馬王堆出土地圖の儉討」という論文のなかで〈方格は、作圖の過程において不可缺のものであった。従って地形圖そのものには方格記入の形跡は認められないが、原稿の段階さらにはそれが資料としてより縮尺の大きい實測圖の段階においては、方格が記入されていたものと思われる。〉と述べています。

ここで言及されている方格は、先ほど対馬国、一大国のところで触れた方格のことです。海野教授が述べる通りだとすれば、すでに紀元前の段階で、方格を用いた地図作製の萌芽があったということになります。

さらに、地図は文献にもその痕跡をとどめています。

秦の始皇帝のころの話です。『史記』に、燕の荊軻という人が、太子の丹の命を受けて秦に出向き、のちに秦の始皇帝となる秦王の政を暗殺しようと企てた際、地図に匕首を隠して近づいたという記述があります。この場合、地図はその土地を献上する証しとして差し出されています。すでにこの時点で、地図はそれほど重要なものだったことがわかります。結果はもちろん失敗するわけですが、この事件は紀元前二二七年に起きたとされています。

　これらの発見や記録を見ると、遅くとも紀元前三世紀には中国で地図が作られ、利用されていたことは明らかです。

　そして、時代は下って、三国時代の終末期である二七〇年ごろに、西晋の裴秀という人が、『禹貢地域図』という地図を完成させます。現物は残っていませんが、この禹貢地域図は当時としては非常に精巧であったと伝わっていますし、『晋書』裴秀伝にはその地図作製方法も書き残されています。

　しかし、このような精巧な地図は一朝一夕に出来上がるものではありません。必ず長い試行錯誤の期間があったはずです。そして、それが完成に向かって熟成されていったのが三国時代だったのではないかと思います。

三国時代は群雄割拠の時代で、日々その勢力図が塗り替えられていた時代です。各地で頻発する戦いにおいて、とりわけ地図が存在価値を高め、製作技術が飛躍的に進歩した時代だったのではないでしょうか。

このように見てくると、梯儁たちが女王国にやってきた二四〇年には、ある程度正確な地図作製技術が確立されていたと考えることができます。

そして、そうであれば、梯儁一行に女王国の地図作製が命じられたことは、十分に想定できます。逆に、地図を作製しなかったと考えるほうが難しいとさえ言えるでしょう。

《地図で解ける「東南陸行」の謎》

さて、梯儁の報告書に地図が添付されていたと考えると、末盧国から伊都国への「東南陸行」の謎はすんなりと解けます。

例えば図2のような地図が添付されていたと仮定します。すると、報告書の本文には「東南陸行五〇〇里で伊都国に到る」と書くだけでよいことがわかります。

末盧国から東南に陸行を始めれば、すぐに東に方向転換して山中に分け入り、さらに

図2　梯儁報告書に添付されていた地図（想像図）

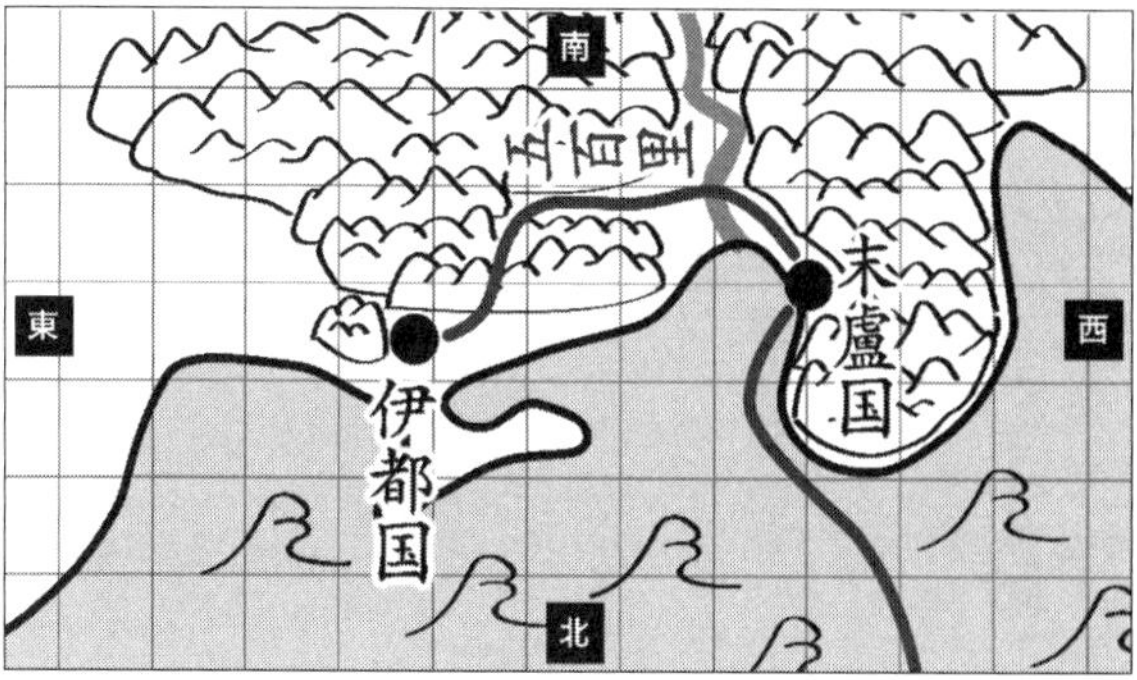

※筆者の想像によるもので、当時の地図作製法に準じたものではありません。
※進行方向を上にしたので、南が上になっています。

北へ峠を越えていけば、五〇〇里で方角的には東北東にある伊都国に到着するというのは一目瞭然です。あるいは、より再現性を求めたとすれば、方向転換点の目印など細かい説明が地図の余白部分に書かれていたかもしれません。当時は現代のように真っすぐな道はほとんどありません。だから、道中必ず方向転換をしたはずですが、魏志倭人伝には九州島上陸後の説明にそのようなことは一切書かれていません。

伊都国以降についても、奴国へは「東南」、奴国から不彌国へは「東」、不彌国から投馬国へは「南」、投馬国から邪馬台国へも「南」と一方向が記されるだけです。

そのようにごく簡潔な説明になっているのは、この本文とは別に地図があったからだと考えるとすっきりと理解できるのです。

以上が、筆者の唱えるいわば「梯儁報告書の地図添付説」であり、「東南陸行」の謎を解く仮説だと考えています。

《地図添付説から広がる考察》

そして、この地図添付説を想定すると、いろいろと新しい考えが広がります。

先ほど見た対馬国の〈方四〇〇余里ばかり〉、一大国の〈方三〇〇里ばかり〉という記述も、地図の方格から生じた表現だということが納得いただけると思います。

さらにもうひとつ、末盧国の記事で〈前を行く人が見えないような道がある〉という一文がありましたが、これは、倭地の調査隊および地図作製部隊が周囲を一望するために山に登ったときの様子ではないかと考えられます。

当時は、現代のように飛行機や気球はありません。すると、地図作製の最も基本的な作業は何かというと、とにかく高い所から目視するということです。幸い日本には山が多いですから、調査隊は行く先々で眺望の良い山に登ったのだと思います。

唐津湾の入り口辺りの標高一七〇メートルの山上に、湊中野(みなとなかの)遺跡があります。邪馬台国以前から営まれ、邪馬台国時代にも狼煙(のろし)を上げていた遺跡です。

狼煙を上げる場所ですから、遠望の利く場所なのは間違いありません。実際、唐津湾内だけでなく壱岐島、糸島市まで見えるようです。

倭地の調査隊が一大国からの航行中にその狼煙を目にしたなら、きっとそこへ登ってみたいと思うはずです。上陸すれば真っ先に狼煙の上がっていた地点に足を運ぶと思います。その道中が、末盧国の記事に表れる草木が茂って前を行く人が見えない様子だったのではないかと考えています。

それと関連してもう一つ、筆者の臆測にお付き合いください。

「末盧国に上陸したのは、倭地の調査隊・地図作製部隊と、その道案内の倭人だけだったのではないか」という仮説です。

末盧国を唐津や呼子だと考える人の多くは、一大国からの距離が近いからそこを上陸地点に選んだと考えています。貴重な品々を携えた一行は、海上を航海するリスクを減らすために、できる限り早く上陸したのではないかと考えるわけです。

しかし、邪馬台国の時代、弥生時代終末期の日本海側の遺跡や出土物などから、この時代にはすでに朝鮮半島から対馬海峡を渡って北部九州、出雲（いずも）、越（こし）に至る環日本海交易ネットワークがあったと考えられています。

そうであれば、当時の人々、とりわけ海を舞台に生きている人々の間には、十分に安全な航路が知られていたのではないかと推測できます。すると、梯儁一行は一大国から直接、重要な中継地点である伊都国を目指してもおかしくはありません。

では、末盧国上陸の記事は何を意味しているのでしょうか。

そこで、じつはそれは倭地調査隊および地図作製部隊が倭の地を調べるために本隊を離れて上陸してその足で踏査した記録であり、続く伊都国への行程は、彼らが陸路で伊都国を目指した経路であると想定できるのではないかと思うのです。それを念頭に魏志倭人伝を読むと、末盧国の記事に官と副官が登場しないことに気がつきます。

それは、梯儁たち本隊が末盧国の拠点集落に逗留して末盧国の官や副官のもてなしを受けなかったということを意味するのではないかと思えてくるのです。

第二章

行程記事を読む（二）伊都国〜邪馬台国

【検　証】記事から推定できる奴国と不彌国の位置
【検　証】放射説は成立するのか？
【新解釈】日数は「道里」ではない！

第二章では、行程記事の後半部分を読んでいきます。梯儁たち郡使一行は伊都国を出発して、いくつかの国を経由しながら、おそらく最終目的地であった邪馬台国に到着します。邪馬台国は女王卑弥呼の都があった国です。

しかし、伊都国から先に進むに当たっては、記事の読み方に二つの説があります。「連続説」と「放射説」です。

連続説は、伊都国以降の国々についても伊都国までと同様、登場する国を順に辿っていくという読み方です。一方、放射説は、伊都国以降の国々への行程の起点はすべて伊都国であるとする読み方です。当然、国々の比定地にも大きな違いが出てきます。

放射説も一九四〇年代の登場以降、幅広い人気を得ていますが、本書では連続説に従って読んでいくことにします。それは、筆者が放射説は成立しないと考えるからです。それについては、邪馬台国までの行程を読んだあとに検証したいと思います。

奴国

東南至奴国百里　官曰兕馬觚副曰卑奴母離　有二万余戸

（訳）伊都国から東南の方角に一〇〇里進むと奴国に着く。官は兕馬觚といい、副官は卑奴母離という。二万余戸ある。

ここで唐突に二万余戸という大きな数字が出てきます。対馬国の一〇〇〇余戸、一大国の三〇〇〇許家、末盧国の四〇〇〇余戸、伊都国の一〇〇〇余戸と桁が違います。奴国はかなり大きな領域を持った国だと想定できます。

不彌国

東行至不彌国百里　官曰多模副曰卑奴母離　有千余家

（訳）奴国から東の方角に一〇〇里行くと不彌国に着く。官は多模といい、副官は卑奴母離という。一〇〇〇余家がある。

ここでまた、一〇〇〇余りの家しかない小国、不彌国が登場します。頭のなかでイメージしていただくと、二万余戸の大国である奴国の西側に一〇〇〇余戸の伊都国があり、東側に一〇〇〇余家の不彌国があることになります。
大国の東西で小さな国が独立を保っているという不思議な図式が出来上がります。

【検証】記事から推定する奴国と不彌国の位置

九州島上陸後、末盧国から伊都国、奴国、不彌国への行程を見てきました。連続説を採用して読み進めていますので、末盧国から五〇〇里の所に伊都国があり、そこから一〇〇里の所に奴国があり、さらに一〇〇里の所に不彌国があると書かれていることになります。

ここでひとつ確認しておきます。それは、記載されている国から国への里数の基準点はどこかということです。

これについては、国境から国境までの距離という説を目にすることもあります。しかし、当時、国同士の争いが頻発していたであろうことを想定すると、国境は明確に定まっておらず、また時とともに変わる流動的なものだったと考えられます。郡使たちに同行した倭地の調査隊がそのような曖昧なものを基準に用いたとは思われません。

より再現性の高い調査報告をするために、彼らは各国の中心であり官や副官に面会した拠点集落を基準に測量しただろうと推測します。すなわち、魏志倭人伝の行程記事が記す里数は、一つ前の国の拠点集落からその国の拠点集落までの距離であると考えます。

さて、伊都国は現在の糸島市にあったというのが定説となっていることは先にも述べました。これは、九州説、畿内説、あるいは吉備や阿波などほかの説を問わず、共通しています。そして、行程記事の基準となった拠点集落は、平野南東部の山麓付近に想定できます。

しかし、伊都国から先の国になると、かなりばらけてきます。

奴国は福岡平野で、郡使たちの立ち寄った拠点集落は、福岡県春日市の須玖岡本遺跡付近だというのが有力説ですが、不彌国となると、九州島から出る説はありませんが、糟屋郡宇美町、飯塚市、宗像市周辺、遠賀川下流域など比定地が広範囲に散らばっていきます。

それらが、魏志倭人伝の記述に合致しているのかどうかを見ていきましょう。

まず、伊都国から奴国を目指す条件です。

（一）奴国は伊都国から東南の方角へ歩き始めて一〇〇里の地点にある

これは文面通りです。

（二）里数は郡使の経由した拠点集落間の距離である

これは先ほど確認しました。

（三）魏志倭人伝内の道里は一定の尺度で記述されている

これは当然ですが念押ししておきます。ある行程は一里五〇メートルの尺度だけれども、別の行程は一里一〇〇メートルの尺度などということは想定しないということです。それを認めると論理的な考察は不可能になってしまいます。

以上を前提に奴国へ向かいますが、尺度はどうしましょうか。

第一章の検証で、一里七〇メートルという数値が得られましたが、定説・通説からも確認しておきます。末盧国＝唐津（からつ）市から伊都国＝糸島市の距離です。

伊都国の拠点集落を平原（ひらばる）遺跡などの営まれた平野南東部だとすると、唐津湾奥からの道のりの距離は約三五キロメートルほどです。魏志倭人伝の記す里数は五〇〇里でしたから、割ると一里は七〇メートルとなります。対馬海峡と朝鮮半島から算出した数値とほぼ一致しますので、一里七〇メートルを採用して検証を進めます。

すると、伊都国から奴国への一〇〇里は七キロメートルということになります。魏志倭人伝は一〇〇里単位で書かれていますから、五〇里から一五〇里ぐらいまでが一〇〇里と書かれたとすると、最短三・五キロメートルから最長一〇・五キロメートルと仮定できます。

伊都国の拠点集落から東南方向というと、高祖山（たかすやま）と王丸山（おうまるやま）の間を通り、日向（ひなた）峠を越えていく道しかありません。山を越えれば早良（さわら）平野が広がっています。さらにその先は広大な福岡平野です。二万余戸の大国とされる奴国にふさわしい地域と言えます。

しかし、だからと言って、魏志倭人伝の行程が通説のように須玖岡本遺跡に辿り着くことはありません。

なぜなら、三〇〇里も離れているからです。それを一〇〇里と書くことはまず考えられません。

奴国は二万余戸もある大国ですから、その国域は福岡平野および早良平野全体に広が

図3　奴国の拠点集落想定地の範囲

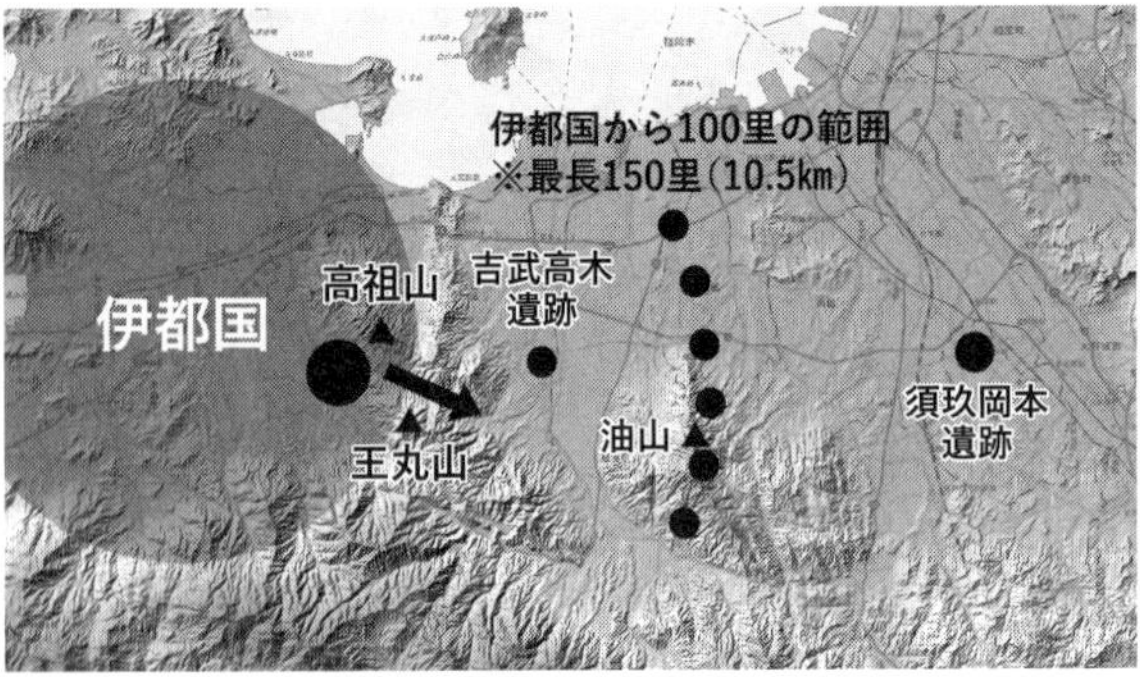

※地理院地図（電子国土Web）をもとに作成

っていたと考えてよいと思います。しかし、郡使たちが立ち寄り魏志倭人伝に記された奴国の拠点集落は、須玖岡本遺跡ではあり得ません。

記事から想定できる拠点集落の範囲は、福岡市西区か早良区、せいぜい城南区辺りまでです。室見川流域から油山の北側ぐらいまでの地域ということになります（図3）。

では、具体的な拠点集落はというと、現在のところ決めかねています。遺跡自体はたくさんあります。有名なところでは、最初期の三種の神器が出土した吉武高木遺跡があります。しかし残念ながら、この遺跡の最盛期は邪馬台国時代よりはかなり以前とされています。

しかし、現時点で「ここ！」という遺跡が見つかっていないからといって、奴国の拠点集落を遠く三〇〇里も離れた須玖岡本遺跡に移動させてよいというものではありません。それが、魏志倭人伝を尊重した探求姿勢だと考えますし、一度そういうことをするとそこから先の信憑性が薄れてしまうからです。

そこで、奴国の拠点集落を保留にしたままで不彌国を目指します。

不彌国は奴国から東へ一〇〇里とされます。

奴国を特定できていなくても、伊都国からの距離で想定域を求めることができます。不彌国は、伊都国から二〇〇里の地点、一〇〇里の範囲を一五〇里まで広げたとしても、一五〇里プラス一五〇里で、三〇〇里を超えない地点であることがわかります。

一里七〇メートルで換算しますと、二一キロメートルです。不彌国は伊都国から二一キロメートルの範囲内にあるのです（図4）。

すると、最有力候補地である宇美町もその範囲内に入りきりません。ただし、一里が七〇メートルより多少長い場合などを想定すると、可能性は残ります。

しかし、飯塚市の可能性は消えますし、宗像市周辺や遠賀川下流域に至っては、末盧

図4　不彌国の拠点集落想定地の範囲

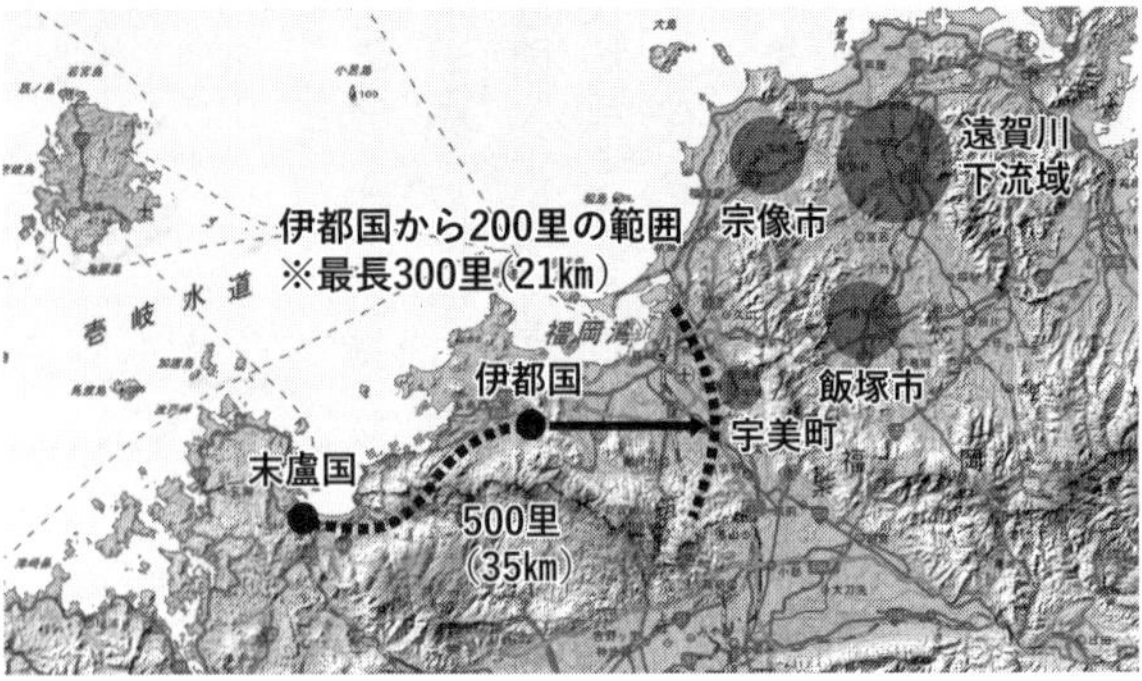

※地理院地図（電子国土Web）をもとに作成

国から伊都国への五〇〇里よりも遠くなります。まったくの論外といってよいと思います。そういう地域に不彌国を設定することは、魏志倭人伝自体をないがしろにしていると言わざるを得ません。

さて、不彌国を探すには次の五つの条件が設定できます。

（1）奴国から東方面にある
（2）奴国から最長一〇・五キロメートル以内にある
（3）国域は比較的狭い
（4）海または川に面している
（5）南方面へ水行できる

（1）（2）は、魏志倭人伝の記述に従えばそうなります。

（3）は、不彌国の戸数が一〇〇〇余家とされますから、二万余戸の奴国に比べるとかなり狭い領域だと考えられます。

（4）（5）は、不彌国から次の投馬国への行程が「南へ水行」と書かれているからです。

　筆者は、この五つの条件を満たす不彌国は比恵・那珂遺跡群しかないと考えています。比恵・那珂遺跡群は、現在の博多駅南側の、東を御笠川、西を那珂川に挟まれた丘陵上にある遺跡群です。

　邪馬台国時代の弥生時代終末期に、全長一・五キロメートル、幅五〜九メートルにおよぶ道路が造られています。側溝を備え、交差点もあったと考えられる立派な道路です。そして、遺跡の北側、おそらく当時の博多湾に面していたと思われる地域に、運河と推測されている遺構が見つかっています。また、その近くには倉庫群と思われる地域も見つかっていて、市の存在も想定されています。

　この遺跡はなぜか奴国の中心集落と見られることが多い遺跡で、二〇一八年に三世紀の硯が出土した際にも、「奴国の中枢遺跡」として報道されていました。また、須玖岡本遺跡とは三キロメートルほどの距離にあり、邪馬台国の時代に奴国の中心が移動したのだという見解もあります。

しかし、魏志倭人伝の記述に準じるなら、ここは不彌国としか考えられません。

比恵・那珂遺跡群は那珂川と御笠川という大きな河川に挟まれています。そして北側は海です。この立地を活かして南側に太い溝を掘れば、強固な環濠集落が出来上がります。

この強固な防御態勢を整えた都市集落と言える比恵・那珂遺跡群には、出土した遺物などから中国、朝鮮半島との交易拠点として当時最先端の人とモノが流入し、大きな富が蓄積されていたことが想像できます。

すなわち、それは二万余戸の大国、奴国の隣で一〇〇〇余家ながら独立を保っていた不彌国のイメージにぴったり当てはまると考えています。

投馬国

さて、では不彌国から先の行程を見ていきましょう。

南至投馬国水行二十日　官曰彌彌副曰彌彌那利　可五万余戸

（訳）不彌国から南の方角へ水行二〇日で投馬国に着く。官は彌彌といい、副官は彌彌那利という。五万余戸ほどある。

いきなり五万余戸という戸数が出てきます。ここまで最も戸数の多かったのは奴国の二万余戸ですから、五万余戸の投馬国はさらに巨大な国だったということになります。不彌国から投馬国への行程で、これまでの里数表記が日数表記に変わりますが、ここではその事実だけを指摘しておいて次に進みます。いよいよ邪馬台国に到着します。

邪馬台国

南至邪馬台国　女王之所都　水行十日陸行一月　官有伊支馬　次曰彌馬升　次曰彌馬獲支　次曰奴佳鞮　可七万余戸

（訳）投馬国から南の方角へ水行一〇日陸行一月で女王の都がある邪馬台国に着く。官には伊支馬（いきま）という者がおり、次を彌馬升（みまし）といい、その次を彌馬獲支（みまかき）といい、その次を奴佳鞮（なかて）という。邪馬台国には七万余戸ほどある。

倭にやってきた郡使たちの最終目的地と思われる邪馬台国に到着しました。

邪馬台国は登場する国のなかで最大の戸数である七万余戸、そして、官と副官（次官）は四名体制です。女王卑弥呼の都があるにふさわしい規模の国だと言えます。

しかし、「邪馬台国」という国は魏志倭人伝中、この一ヶ所にしか記されていません。邪馬台国がどこにあったのかという、いわゆる「邪馬台国論争」は江戸時代の昔から熱く繰り広げられてきたわけですが、邪馬台国自体の詳細は記されておらず、わずかにこの簡潔な一文が残るだけなのです。

邪馬台国論争の原点

いま続けて見た不彌国から投馬国、投馬国から邪馬台国への行程ですが、ここで突如、所要里数から所要日数に変わっていました。

じつは、この「二〇日」「一〇日」「一月」という日数こそが、現在の邪馬台国論争を生んだ原点なのです。

不彌国までは具体的な里数が書かれていますから、その一里がどれほどの距離かという問題はあるにしても、それに準じて進むしかありませんでした。

しかし、「二〇日」「一〇日」「一月」という合計二ヶ月ということになりますと、日本列島のほぼすべての地域に辿り着くことができるようになります。方角を無視して強引にこじつければ、自分の住む市町村など任意の場所に邪馬台国を持ってくることが可能になります。それが、日本全国に邪馬台国比定地が乱立した原因でもあるのです。

では、なぜ、この二つの行程だけが日数表記になっているのでしょうか。

それが、邪馬台国論争最大の謎です。この謎を解くことが邪馬台国に辿り着く鍵です。

魏志倭人伝を読み終えた後にそれを考えてみたいと思います。

旁国

自女王国以北其戸数道里可得略載　其余旁国遠絶不可得詳　次有斯馬国　次有已百支国

次有伊邪国　次有都支国　次有彌奴国　次有好古都国　次有不呼国　次有姐奴国　次有対蘇国　次有蘇奴国　次有呼邑国　次有華奴蘇奴国　次有鬼国　次有為吾国　次有鬼奴国　次有邪馬国　次有躬臣国　次有巴利国　次有支惟国　次有烏奴国　次有奴国　此女王境界所尽

（訳）ここまで記してきた女王国（＝邪馬台国）より北の国々については戸数・道里を記載できたが、その行程の傍らにある国々については遠く離れていたり隔絶されているので詳細はわからない。

旁国を列挙すると、次に斯馬国があり、次に已百支国があり、次に伊邪国があり、次に都支国があり、次に彌奴国があり、次に好古都国があり、次に不呼国があり、次に姐奴国があり、次に対蘇国があり、次に蘇奴国があり、次に呼邑国があり、次に華奴蘇奴国があり、次に鬼国があり、次に為吾国があり、次に鬼奴国があり、次に邪馬国があり、次に躬臣国があり、次に巴利国があり、次に支惟国があり、次に烏奴国があり、次に奴国がある。これが女王の権威が及ぶ領域の尽きる所である。

「女王国より北の国々」というのは、ここまで順に書き記してきた狗邪韓国、対馬国、一大国、末盧国、伊都国、奴国、不彌国、投馬国、邪馬台国の計九ヶ国のことです。

魏志倭人伝は邪馬台国までの行程に続けて、ほかの国々についても記していきます。ここでは、詳細は不明だけれども女王卑弥呼を共立していた国々と思われる二一の「旁国」が列挙されています。

最後の二一ヶ国目に「奴国」が記されます。この奴国を先述の福岡平野にあった奴国と同一視して、その意味を考えるような論考もあります。しかし、ここに登場するのは、あくまでも「詳細不明な旁国のひとつである奴国」です。邪馬台国までの行程中に記されている「戸数・道里を記載できた奴国」とは別の国であると考えるのが妥当だと思います。

「奴」という文字の入った国名は多く、旁国中にも彌奴国、姐奴国、蘇奴国、華奴蘇奴国、鬼奴国、烏奴国の六ヶ国を数えます。旁国最後の「奴国」については、後世の写本時の脱字というようなことも想定できるのではないかと思います。

旁国のイメージ

この二一の旁国ですが、邪馬台国論においてあまり語られることはありません。畿内説では、九州と畿内の間にある中国・四国地方、近畿地方西部にそれらの国々を比定している説を目にすることはありますが、しかし、活発に議論されることは少なく、どこにあったのか謎の多い国々と言えます。

筆者も以前の著書で旁国を比定してみたことがあります。しかし、いまだに根拠に乏しいと思っていますので、ここで再掲することは控えて、旁国のイメージについてのみまとめておきます。

旁国の「旁」という文字は、「かたわら」とか「そば」という意味です。そのため、帯方郡から邪馬台国までの行程の傍らに二一の国々があると述べているように読めます。具体的には九州島上陸後のことだと思われますから、末盧国以降の行程の傍らということになります。

そして、後段に狗奴国という国が登場します。狗奴国は女王国の南にあり、女王国と当時戦っていたとされています。すると、女王国の都のある邪馬台国と狗奴国が境界を接していた可能性は低いと思われます。防衛という観点から非常に危険だからです。ですから、邪馬台国と狗奴国の間には一定の距離があり、そこにも旁国は存在したのだと推測します。

旁国の記事は、次有○○国、次有△△国、次有□□国、次有～～と続きますから、国々

図5　旁国のイメージ図

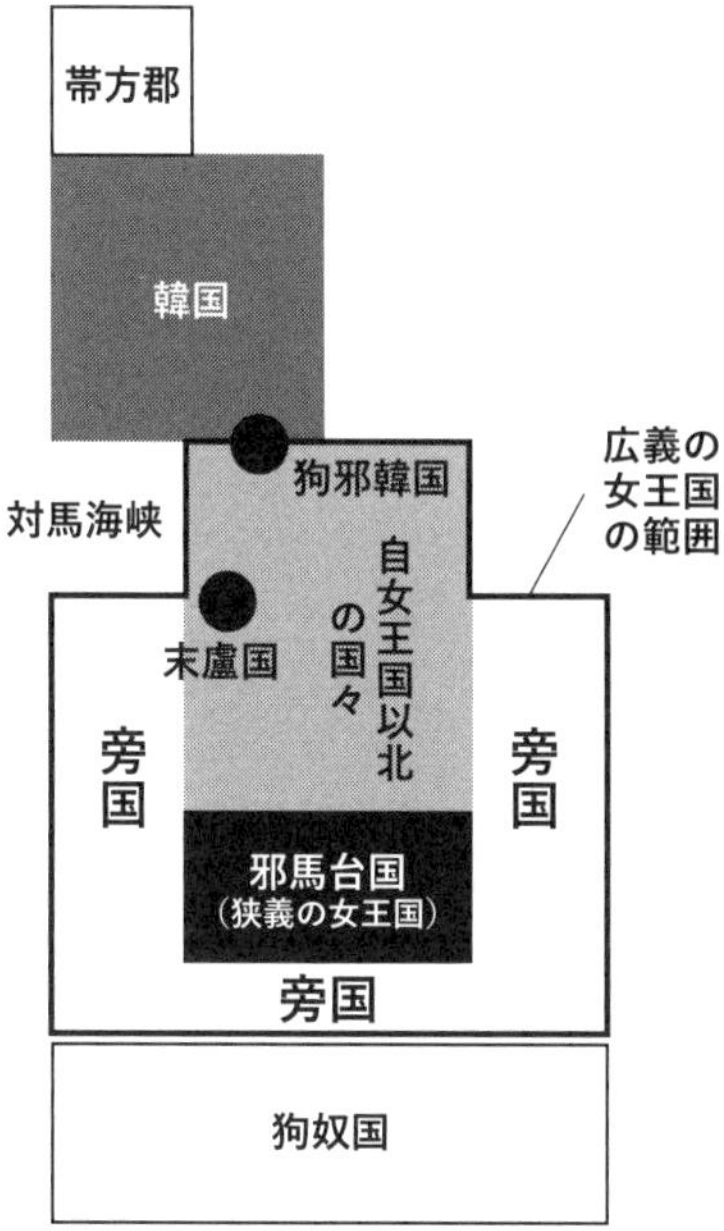

※「広義の女王国」と「狭義の女王国」については、第四章の【検証】「女王国」と「邪馬台国」をご参照ください。

の位置は一本の線で繋（つな）がるように読めます。末盧国近辺から始まると考えると、そこから南へ進んで、邪馬台国の南を回り込んで北上するように並んでいると想定できます。

それを、図表化すると図5のようになります。邪馬台国および邪馬台国以北の国々を取り巻くように存在すると考えてよいのではないでしょうか。

狗奴国（くなこく）

其南有狗奴国　男子為王　其官有狗古智卑狗　不属女王

（訳）その南には狗奴国があり、男子を王としている。狗古智卑狗（くこちひく）という官がいる。狗奴国は女王（国）に属していない。


文頭の〈其（その）〉は、女王の領域を指します。旁国に関する記事の最後に、「女王の権威が及ぶ領域の尽きる所である」と書かれていますから、その南ということになります。女王卑弥呼を共立する三〇ヶ国の連合体を指すと言ってもよいと思います。

その南に、卑弥呼共立に参加していない狗奴国があり、そこには男の王と狗古智卑狗という官がいると言っているのです。

帯方郡から邪馬台国までの総里数

自郡至女王国万二千余里

（訳）帯方郡から女王国に至る道のりの合計は一万二〇〇〇余里である。

ここで用いられている〈女王国〉は邪馬台国を指します。魏志倭人伝は、行程記事のまとめとして、帯方郡から邪馬台国までの総里数が一万二〇〇〇余里であると明記しているのです。

この一万二〇〇〇余里が正しいとすると、先ほど確認した不彌国から投馬国経由で邪馬台国に至る合計二ヶ月の行程はどうなるでしょうか。

帯方郡から不彌国までの里数を合計してみますと、七〇〇〇余里＋一〇〇〇余里＋一〇〇〇余里＋一〇〇〇余里＋五〇〇里＋一〇〇里＋一〇〇里＝一万七〇〇余里になりますから、不彌国から邪馬台国までは一万二〇〇〇余里から一万七〇〇余里を引いた一三〇〇里（余里）ということになります。

つまり、行程記事の合計とこの総里数一万二〇〇〇余里が整合しているとすると、二ヶ月と一三〇〇里（余里）がイコールということになるのです。

しかし、一三〇〇里は、一里七〇メートルで換算しますと九一キロメートルです。わずか九一キロメートル進むのに二ヶ月かかることなど考えられません。マラソンのトップランナーなら単純計算で四時間半ほどで走ってしまいそうな距離です。ですから、二ヶ月と一三〇〇里（余里）がイコールとは想定できません。

これが、邪馬台国問題を複雑にしている原因でもあるのです。

【検証】放射説は成立するのか？

本章の冒頭で、伊都国から先の行程の辿り方に「連続説」と「放射説」があると述べました。連続読みと放射読みとも言われます。その二説を比較検討してみます。

まず、連続説ですが、これは帯方郡から邪馬台国までの道のりは一本の線になっているという読み方です。帯方郡を出発して狗邪韓国、対馬国、一大国、末盧国、伊都国と辿ってきたのと同様、伊都国から先の奴国、不彌国、投馬国、邪馬台国も次々と繋がっているると考える説です。

邪馬台国論争の歴史は約三〇〇年前に遡りますが、そこから二〇〇年以上にわたって、この読み方しかありませんでした。そのため、そもそもこの読み方に連続説などという名称も付いていませんでした。

ところが、第二次世界大戦後まもない昭和二二（一九四七）年、東京大学で東洋史を研究していた榎一雄氏が「魏志倭人伝の里程記事について」という論文で、現在「放射説」といわれる読み方を発表しました。

その「放射説」の登場によって、従来からの読み方を「連続説」と呼ぶようになったというわけです。

連続説vs放射説という対立が起きたのはそこからですから、邪馬台国論争においては、畿内説か九州説かという論争などに比べて、比較的新しい論争であるとも言えます。

では、放射説を見てみます。帯方郡から伊都国までは連続説と同様に一本の道で繋がっているけれども、伊都国以降に記される国々へは伊都国からの方角と距離が書かれて

図6　連続説と放射説

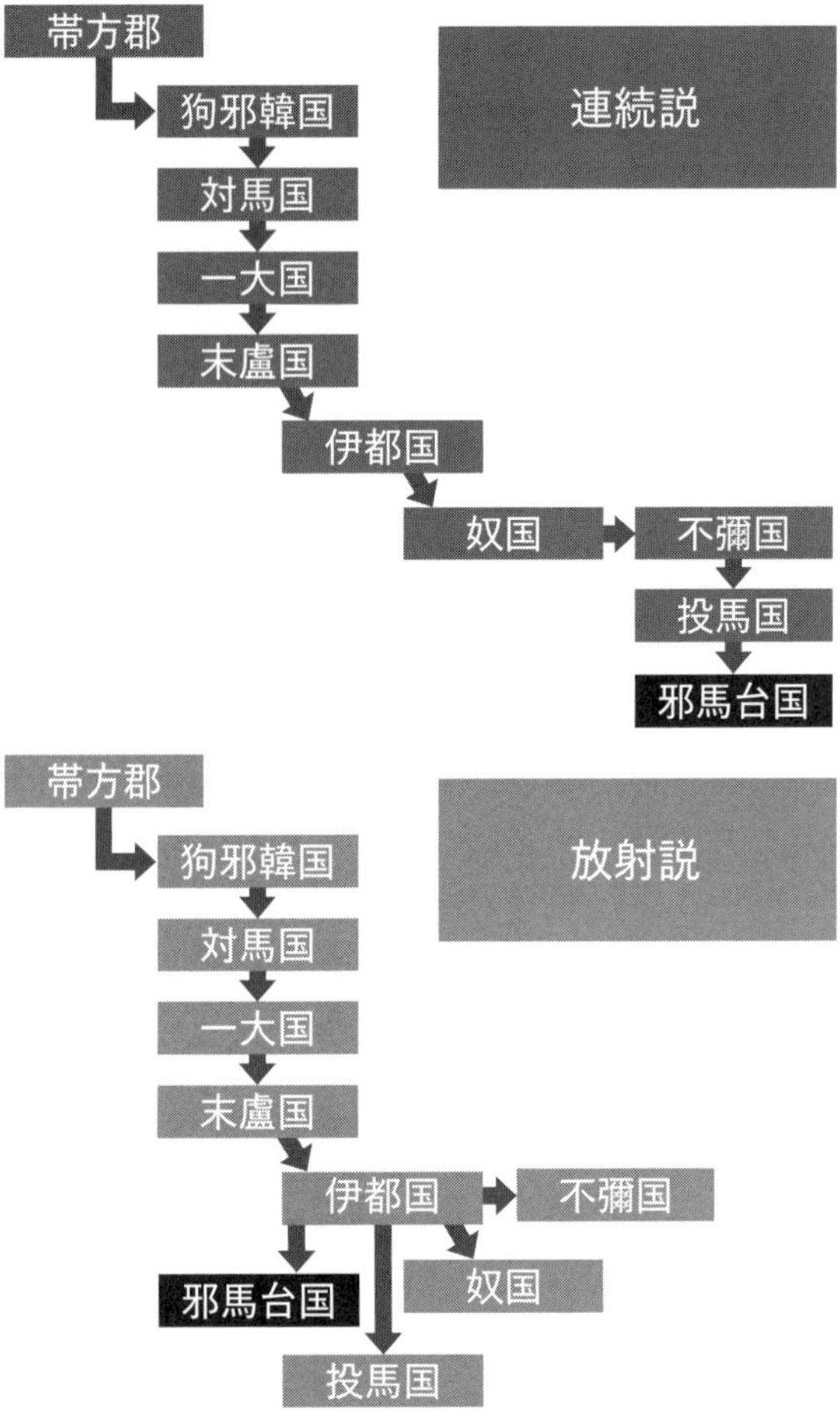
帯方郡
狗邪韓国
対馬国
一大国
末盧国
伊都国
奴国
不彌国
投馬国
邪馬台国
連続説
帯方郡
狗邪韓国
対馬国
一大国
末盧国
伊都国
不彌国
邪馬台国
奴国
投馬国
放射説

いるのだとみる説です。図にすると、伊都国から奴国、不彌国、投馬国、邪馬台国へ放射状に道が出ていることになりますから、放射説と呼ばれるようになりました（図6）。榎説では、放射状になる道の起点は伊都国ですが、その後様々に拡大解釈され、いまでは末盧国を起点とする放射説や不彌国を起点とする放射説なども派生しています。

現在、放射説の主な根拠は、次の二つとされています。

（1）伊都国までの記述は「方角・距離・国名」の順だが、伊都国以降は「方角・国名・距離（または日数）」の順に変わっている。

そのように記述方法の変わる伊都国以降の奴国、不彌国、投馬国、邪馬台国については、伊都国を起点として放射的に読まなければならないとします。放射状に読むべき根拠として、『新唐書』（しんとうじょ）地理志の記述などが例示される場合があります。

（2）伊都国までの記述には地誌的なものが含まれるが、伊都国以降の記述にはそれがない。

そのような記述になっている理由は、郡使が伊都国までしか行っておらず、それ以降の国々の記述は、伊都国での伝聞に基づくものであると考えるのです。だから、伊都国以降は放射状に記されているのだと解釈します。

では、この「放射説」は成立するのでしょうか。

まず、放射説の論拠となっている倭人伝の記事を見てみます。（表2）

たしかに、伊都国以降の奴国、不彌国、投馬国、邪馬台国への行程は「方角・国名・距離（または日数）」の順になっています。

しかし、放射説において、この伊都国以降の「方角・国名・距離」と比較対照される「伊都国までは『方角・距離・国名』の順になっている」という論拠が、じつは心もとないのです。

まず、最初の帯方郡から狗邪韓国までの行程は、伊都国以降と同様に「方角・国名・

距離」の順で記されています。
　さらに、狗邪韓国から対馬国への行程と、一大国から末盧国への行程については方角自体が記されていません。

表2　魏志倭人伝の行程記事

帯方郡 → 狗邪韓国	**乍南乍東**到其北岸**狗邪韓国七千余里**	方角／国名／距離
狗邪韓国 → 対馬国	始度一海**千余里**至**対馬国**	距離／国名
対馬国 → 一大国	又**南**渡一海**千余里**至**一大国**	方角／距離／国名
一大国 → 末盧国	又渡一海**千余里**至**末盧国**	距離／国名
末盧国 → 伊都国	**東南**陸行**五百里**到**伊都国**	方角／距離／国名

伊都国以降

伊都国 → 奴国	**東南**至**奴国百里**	方角／国名／距離
奴国 → 不彌国	**東**行至**不彌国百里**	方角／国名／距離
不彌国 → 投馬国	**南**至**投馬国水行二十日**	方角／国名／日数
投馬国 → 邪馬台国	**南**至**邪馬台国水行十日陸行一月**	方角／国名／日数

そうすると、「方角・距離・国名」の順で記されているのは、対馬国から一大国への行程と末盧国から伊都国への行程の二つだけということになります。つまり、この「記載順」ということについては比較できるだけのサンプル数ではないように思えます。

そして、これは筆者の感覚的なものになりますが、対馬海峡を渡る記事については、〈渡一海〉という文言が重要だった、すなわち「海を渡る」ことを示すのが重要だったと考えられます。ですから、それが先に来て、〈千余里〉という距離については、〈渡一海〉とセットになって「渡一海千余里」がある種慣用句的に用いられたために国名より先に来ているように思えるのです。

狗邪韓国から対馬国への行程について、方角・国名・距離の順にしようとすれば、このようになります。もともと方角は記されていませんから「南」を追加してみます。

南至対馬国始度一海千余里

「南、至る対馬国、はじめて一海を渡る、一〇〇〇余里」となります。

こうしてみると、〈始（はじめて）〉という文言が入っているので、「はじめて一海を渡る」が後ろに来るのが不自然であることがわかります。「はじめて一海を渡る、一〇

○○余里」は、「至る対馬国」より前に置かざるを得ないように思います。すなわち、原文のような語順の書き方しかできなかったのです。

ですから、ことさら語順にこだわってそれがルールだったのだと決めつけることには疑問を感じます。

結論を言いますと、放射説は成立しないと考えていますが、一般的に語られる放射説への明確な反論には次のようなものがあります。

ひとつは、放射説を採用すると、奴国、不彌国、投馬国の存在意義を説明しなければならないというものです。

連続説の場合、伊都国の次に奴国、奴国の次に不彌国、不彌国の次に投馬国、そして投馬国の次に最終目的地の邪馬台国があります。伊都国と邪馬台国の間にある奴国、不彌国、投馬国は経由国として言及しなければならない国だと言えます。

一方、放射説では、伊都国から最終目的地である邪馬台国は一行程で繋がっています。すると、奴国、不彌国、投馬国の三ヶ国はいったい何なのだ、なぜ邪馬台国への道のりを記す魏志倭人伝の行程記事に書かれているのだという疑問が生じるのです。

伊都国の次に邪馬台国があるという一行程の記事だけで目的は達せられますから、三つの国は言及される必要のない国になってしまうのです。この疑問に対する答え、三ヶ国の存在意義というものを提示しない限り放射説は成立しないと思いますが、それはまだできていないように見えます。

それと関連して、投馬国と邪馬台国の位置関係の問題があります。

魏志倭人伝は邪馬台国到着直後に「邪馬台国より北の国々については戸数と道里を記載できた」と述べています。この一文に従えば、投馬国は邪馬台国より北になければなりませんが、放射説で描けば、投馬国は邪馬台国より南になってしまいます。

誰もが同様に考えるように、水行が陸行よりも一日当たりの進める距離が長いと想定すると、南へ水行二〇日の投馬国は、南へ水行一〇日陸行一月（榎木氏は「水行なら十〇日、陸行なら一月」と解釈）の邪馬台国より南になってしまうのです。

この矛盾については、放射説を唱えた榎氏自身も認めていますし、現在までこの問いに対する明快な解答は示されていません。

さて、もうひとつの論拠となっている「伊都国以降の国々について地誌的な説明がないから、郡使たちは伊都国から先へは行っていない」という点についてですが、この認識は間違っています。

魏志倭人伝は邪馬台国までの行程記事やそのほかの国々の位置関係などを説明したあとに、事細かに倭の地＝女王国の様子だと思われる習俗や産物などを記述しています（詳細は第三章で読んでいきます）。主だったものを抜粋します。

・男子はみな身体に入れ墨をしている
・牛馬はいない
・養蚕（ようさん）をしている
・鉄鏃（てつぞく）（鉄のやじり）を用いている
・中国で粉（おしろい）を塗るように身体に朱丹（しゅたん）を塗っている
・冢（ちょう）には棺（ひつぎ）はあるが槨（かく）（棺を納める部屋）はない
・山には丹（たん）がある
・骨を焼いて吉凶を占っている

・国々に市がある

これらは九州島に上陸してから郡使たちが目にしたものだと思われますが、各国の説明としては書ききれないほど膨大な情報をまとめて記しています。この情報量を見てみると、郡使たちは伊都国から先に行かなかったなどということは考えられません。丹念に女王国内を探索して回ったと考えてよいと思います。

それに加えて、魏志倭人伝の後半には、正始元（二四〇）年の記事として、梯儁たちが卑弥呼に金印紫綬や下賜品を届けたことに対して、卑弥呼は「上表文を梯儁らに託し、皇帝からもたらされた恵みに答謝した」とあります。梯儁らは卑弥呼の元へ行き、直接面会したのだと読めます。

この一文をもってしても、まだ「梯儁一行は伊都国までしか行っていない」という意見を述べる方も多いのですが、皇帝から倭王卑弥呼に与えられる物品は封泥というものを用いて厳重に包装されています。

封泥は粘土に印を押したものです。包装して結んだ紐などを封泥で固め、それを壊さないと開封できない仕組みになっています。当然、それは卑弥呼の目の前でなければ開けることを許されないものです。それが輸送途中で壊れないよう丁重に運ぶのが梯儁たちの使命でもあります。

ですから、梯儁たちが伊都国で倭の役人に皇帝からの品々を渡して任務完了などということは決して考えられません。必ず、卑弥呼のいた邪馬台国まで行ったはずなのです。

以上のことを考え合わせると、放射説の成立は難しいと考えます。

また、それ以上に、そもそも放射説が登場した背景に問題があったのではないかと思います。それは、邪馬台国を九州島内に収めたいという目的が先にあり、それに応える形で放射説が登場したのではないかと疑われるからです。

放射説をとると、連続説に比べて必然的に伊都国から邪馬台国への距離が近くなります。さらに〈水行十日陸行一月〉を「水行一〇日した後に陸行一月」と読むのではなく、「水行一〇日もしくは陸行一月」と読む説を採用するとさらに距離は短くなります。比例して、邪馬台国が九州島内に収まる可能性は高くなります。

純粋な文献解釈からではなく、そういう状況を作り上げたいがために放射説が登場したように見えてしまうのです。そもそも目的地までの行程を説明する重要な記事に、判断を読者に委ねるような書き方をするはずがないのです。途中から行程の始点が変わるのであれば、必ず明示するはずだと考えるのが妥当です。

九州説にとって、放射説は確かに魅力的な説かもしれませんが、成立しないのではないかというのが筆者の結論です。

【新解釈】日数は「道里」ではない！
《裴秀（はいしゅう）の『禹貢地域図（うこうちいきず）』》

ここでは、魏志倭人伝解明に重要な役割を果たすと思われる「道里」という言葉について考えていきます。

邪馬台国までの行程を記した直後に、「邪馬台国より北の国々については戸数・道里を記載できた」という一文がありました。そこに用いられていた言葉です。

論点は、日数は道里と言えるのか、否か、です。つまり、魏志倭人伝最大の謎である不彌国から邪馬台国までの日数を記した直後に、「道里を記せた」と書いている文章の筋が通っているのかどうかを確かめます。

道里という字面からは、直感的に「道の里数」と連想できます。すると、日数は道里ではないように思えますが、この箇所でそのような疑問に言及されることはありません。日数も道里に含まれるのが当然のように読み進められています。

じつは、この「道里」という言葉は、一般的な辞書には収載されていません。かなり念入りに調べても見つからないでしょう。

ところが、『禹貢地域図』という地図の序文にこの「道里」という言葉があるのです。梯儁報告書の地図添付説のところで触れましたが、裴秀という人が作成した地図です。西暦二七〇年ごろ完成したとみられ、当時としては非常に精巧な地図であったと言われています。地図自体は現存していませんが、『晋書（しんじょ）』裴秀伝にその序文が残されています。

そこには、地図制作に必要な六つの要素と精確な地図の作製方法が記されていて、その六要素のひとつとして「道里」が厳密に定義されているのです。

それを見ていく前に、裴秀の『禹貢地域図』と陳寿（ちんじゅ）の『三国志』の関連性について考えておきます。

《裴秀と陳寿》

裴秀は二二四年に生まれて二七一年に没したとされています。一方の陳寿は二三三年から二九七年の人です。かなりの部分でふたりの生きた時代は重なっています。

裴秀は幼いころから優れた才能を発揮し、広く名を知られていたようです。一〇代のころに、同郷の先輩であった毌丘倹が、裴秀の才能を最大限に讃えて大将軍の曹爽に推薦した話が『晋書』に記されています。この毌丘倹は卑弥呼の朝貢の直接の契機となった公孫氏討伐で活躍する将軍でもあります。

二四九年に曹爽が司馬懿のクーデターにより殺されたことで、裴秀はいったん挫折しますが、しばらくあとにその司馬氏に仕え、二五八年には司馬昭の諸葛誕討伐に付き従っています。

そして、その後も出世を続けて、二六五年の司馬炎による西晋建国後は西晋に仕え、二六七年に司空へと登り詰めます。司空は当時の官僚の最も高い位のひとつです。

しかしその四年後、二七一年に四八歳という若さで亡くなってしまいます。

一方、陳寿はもともと蜀に仕えていました。宦官の黄皓に屈しなかったことや自身の行動から親不孝の汚名を着せられたことによって、一度は低迷しますが、西晋建国後は裴秀同様、西晋に仕えます。

そして、その才能をのちに司空となる張華（ちょうか）に認められ、二七〇年ごろには佐著作郎（さちょさくろう）となり、二七五年ころには著作郎となります。著作郎は歴史の編纂（へんさん）に携わる史官です。

ところで、二人の生きた時代は、邪馬台国と魏（ぎ）の交渉が行われた時期でもあります。二三八年には卑弥呼が魏に初めての朝貢を行いますし、二四〇年には皇帝からの金印紫綬を携えた梯儁らが倭に遣わされます。卑弥呼の遣使は二四三年、二四七年にも行われますし、魏の使節も二四七年に倭にやってきます。

そのあと少し時間は空きますが、西晋建国の翌年、二六六年にも卑弥呼を継いだ壹与（いよ）と思われる倭の女王が遣使朝貢したと伝わっています。

壹与の朝貢は、まさに二人の活躍期に重なりますから、実際にその目で見たかもしれません。来朝した使節団の長などに会って直接話を聴いた可能性もあるでしょう。

二人の話に戻しますと、裴秀が二七一年に亡くなりますので、そう長い期間ではありませんが、二人は同じ西晋の役人として活躍していたことになります。二人は同時代に、同じ空気のなかで生きていたと言えるのです。想像を膨らませれば、二人に面識があったとも考えられます。

裴秀がいつごろから地図作製を考えていたかは不明ですが、二六七年に司空となった裴秀の『禹貢地域図』は二七〇年ごろに完成し、秘府(ひふ)に収蔵されます。秘府はとくに大切な記録などを収める書庫のことです。一方の陳寿はちょうどそのころから佐著作郎や著作郎など、歴史編纂や著作に関する官職で活躍し、二八〇年代に『三国志』を完成させます。

このように見てくると、陳寿が『三国志』撰述に当たって、『禹貢地域図』を参考にしたのは間違いないように思えます。

陳寿は、中国全土を描いた画期的な地図の完成について聞き及んでいたはずです。そして、それがいかに奥深く秘蔵されていたとしても、著作郎の陳寿はそれを直接見ることのできる立場だったからです。

それに、『禹貢地域図』を参考にしなければ、中国全土を舞台とした壮大なスケールの『三国志』を書き上げることはできなかったようにも思われます。

三国志の舞台は、中国の枠を超えて近隣諸国にまで広がっています。撰述には確かな地理観が必須です。そういう史料を求めていた陳寿には、『禹貢地域図』はまさに『三国志』撰述のために作られた地図のように見えたのではないでしょうか。

そして、陳寿が『三国志』撰述に当たって『禹貢地域図』を参照したと考えれば、陳寿はその序文を必ず読んだはずです。後世の『晋書』にも書き残されるほど画期的な地図作製方法がそこに書かれているからです。それに目を通さないはずがありません。

すると、そこで明確に定義されている「道里」という言葉を陳寿自身が用いる場合、具体的には『三国志』のなかで用いる場合ですが、『禹貢地域図』序文と同じ定義で用いたと考えるのが妥当です。なぜなら、「道里」は『三国志』撰述の直前に、地図作製という ある意味科学的な分野でわざわざ厳格に定義された言葉だからです。

《『禹貢地域図』序文を読む》

では、『禹貢地域図』序文で「道里」がどのように定義されているのかを見ていきます。『晋書』裴秀伝に引用された『禹貢地域図』序文の原文はこのようなものです。

『晋書』巻三十五　列伝第五　裴秀より抜粋

（A）制図之体有六焉　一曰分率　所以弁広輪之度也　二曰準望　所以正彼此之体也
三曰道里　所以定所由之数也　四曰高下　五曰方邪　六曰迂直　此三者各因地而制宜
所以校夷険之異也

（B）有図象而無分率　則無以審遠近之差　有分率而無準望　雖得之於一隅　必失之於
他方　有準望而無道里　則施於山海絶隔之地　不能以相通　有道里而無高下・方邪・
迂直之校　則経路之数必与遠近之実相違　失準望之正矣　故以此六者参而考之　然
〔後〕遠近之実定於分率　彼此之実〔定於準望　経路之実〕定於道里　度数之実定於
高下・方邪・迂直之算　故雖有峻山鉅海之隔　絶域殊方之廻　登降詭曲之因　皆可得
挙而定者　準望之法既正　則曲直遠近無所隠其形也

（弘中芳男著『古地図と邪馬台国』（大和書房）より部分的に新字体に変換、句読点を
改変のうえ引用／（A）（B）は筆者が挿入）

裴秀は、前段（A）で精確な地図を作製するために考慮しなければならない六つの要素を挙げています。「制図六体」と呼ばれるものです。そして、（B）の部分で六要素の関連性と、それを用いた具体的な地図作製方法について述べています。

（A）の六要素、「制図六体」から見ていきます。

まず一つ目は「分率」です。広輪之度は広がり具合のことですから、その地の広がり具合を弁別するものであるとされています。いまでいう「縮尺」のことです。

二つめは「準望」です。彼此之体、つまり二地点の位置関係を正しくするものとされています。いまで言う「方位」のことです。

三つ目は「道里」です。ここに道里という言葉が出現します。のちほど詳細を見ていきますが、いまでいう「距離」のことです。所由之数を定めるものとされています。

続けて四つ目は「高下」、高いか低いかです。五つ目は「方邪」、直角か斜めかです。そして六つ目は「迂直」、曲がっているか真っすぐかです。

四（高下）、五（方邪）、六（迂直）は、それぞれの土地や道によって異なる特徴のことです。裴秀は、精確な地図を作るには、一（分率）、二（準望）、三（道里）の要素を、

四、五、六によって求められる土地や道の特性や険しさ具合で較正しなければならないと説いています。

続けて、（B）を見てみましょう。

ここで、六つの要素の関連性と、それを用いた具体的な地図作製法を述べています。弘中芳男氏の解釈と、清朝の学者胡渭が『禹貢錐指』という書物のなかで制図六体に加えている解釈を参考に、筆者なりの現代語訳をすると次のようになります。

裴秀はまず、それぞれの必要性について、四つの事例を挙げて説明していきます。

（1）図象（描かれた図）があっても縮尺がわからなければ、どれほど広い地域を描いたものかわからない。

（2）縮尺が正しくても方位がわからなければ、A地点から見てB地点がどこにあるのか正しく示すことはできない。

（3）方位がわかっていても道里がわからなければ、山や海で隔てられた遠方の地を描けてもどのように道が通じているのかを表すことができない。

（4）道里がわかっていても道中の「高下」「方邪」「迂直」を調べて較正しなければ、経路の里数とそれを用いて求められた二地点間の遠近（直線距離）は整合せず、正しい方位からもずれてしまう。

裴秀はこの四例を示して、次のように結論付けます。

だから、地図を作製するには六つの要素を集めて総合的に考えなければならない。そうすれば、正しい遠近が縮尺上に定まり、地図上の二つの地点が正しい方位で示され、道のりの里数で正しい経路が表され、度数の実（実際の道のりの難度）は高下・方邪・迂直を算定して決められる。そのため急峻（きゅうしゅん）な山や広い海の隔たりや、絶域で異なる方向へ回り込む迂回路、登り降りが激しく迷いそうに曲がりくねった道があったとしても、すべてを地図上に確定させることが可能となるのである。方位は正しく、曲直や遠近はありのままの形を隠さず明らかになるのだ。

以上が裴秀の『禹貢地域図』序文に書かれた制図六体の内容です。現代語訳してもすんなり理解するのは難しいような内容ですが、問題の「道里」はどのように記されていたでしょうか。

この説明文によれば、「道里」が、距離は距離でも直線距離ではなく、道のりの距離＝「道のりの里数」であると定義されているのは明らかです。

先に述べた学者胡渭の『禹貢錐指』では、この「道里」について次のように述べています。

道里者　人跡経由之路　自此至彼　里数若干之謂也

（訳）道里は人跡経由の路のことにて、此処より彼処に至るに、里数如何程かの謂いなり。

※前出弘中氏の訳文を引用

道里は人の辿った道のことで、ここからあそこまでの里数がどれほどかということである、と解説されています。

すなわち、「道里」はA地点からB地点まで、人が歩いた、あるいは進んだ道のりのことであり、里数で表されるものなのです。『禹貢地域図』の序文で、裴秀は「道里」をそのように定義しているのです。

そうすると、「日数は道里なのか」という命題にも答えが出ます。

「日数は道里ではない」という答えです。

道里は、決して「日数」で表されるものではありません。なぜなら、人によって進む距離が異なる「日数」を用いていては、裴秀が示す地図作製方法によって精確な地図を作ることは不可能だからです。道里は、絶対的・空間的な尺度で求められる「里数」で表されなければならないのです。

ここまで見てきたように、陳寿が『三国志』を撰述する直前に完成して、名声を得た裴秀の『禹貢地域図』序文に「道里」はしっかりと定義されています。

繰り返しになりますが、陳寿はその地図を参考にし、序文に目を通したはずです。だから、『三国志』内で用いられる「道里」については、『禹貢地域図』序文の「道里」と同じ定義のもとに使用された蓋然性（がいぜんせい）が高いのです。とりわけ、「道里」が頻繁に用いられることのない特殊な用語だからこそ、一層そのように思われます。

さて、『三国志』内での「道里」は、「人が歩く（ないし進む）道のり」のことであり、「日数」ではなく必ず「里数」で表されるものであると結論付けると、魏志倭人伝の記述に注目すべき矛盾が生じます。

不彌国から投馬国への水行二〇日、投馬国から邪馬台国への水行一〇日陸行一月という「日数」を記したすぐ直後に、「道里」を記載することができたと記す一文は、まったく筋の通らない不可思議な文章ということになるのです。

筆者は、この「道里」という言葉が魏志倭人伝解明の糸口となる重要なワードだと考えますが、本章ではその事実のみを確認して次に進みます。

第三章

倭の習俗・産物記事を読む

【新解釈】倭人が自称した「大夫」と「太伯之後」
【検　証】会稽東治と会稽東冶
【新　説】邪馬台国の位置を見抜いたのは誰か？

魏志倭人伝(ぎしわじんでん)は、第一章と第二章で読んできた行程記事に続けて、倭(わ)の地、おそらくは女王国内の倭人の習俗や産物などについて詳しく記していきます。第三章ではその記事を見ていきます。

倭人の入墨

男子無大小皆黥面文身　自古以来其使詣中国皆自称大夫　夏后少康之子封於会稽断髪文身以避蛟龍之害　今倭水人好沈没捕魚蛤　文身亦以厭大魚水禽　後稍以為飾　諸国文身各異或左或右或大或小尊卑有差　計其道里当在会稽東治之東

（訳）男子は大小の区別なく、みな黥面文身(げいめんぶんしん)している。

いにしえから中国に来る倭の使いは、皆自らを大夫(たいふ)だと称する。夏(か)の王少康(しょうこう)の子が会稽(かいけい)に封じられたとき、断髪して身体に入墨をして蛟龍(こうりゅう)の害を避けた。いま、倭の水人は海に潜って魚や蛤(はまぐり)を捕らえるが、入墨によって大魚や水禽(すいきん)から身を守っていた。のちに入墨は飾りとなった。諸国の入墨はおのおの異なっていて、あるいは左に、あるいは右に、またあるいは大きく、あるいは小さく入れられ、身分によっても差がある。
帯方郡（たいほうぐん）からの道のりの里数を計算すると、邪馬台国（やまたいこく）はまさに会稽東治（かいけいとうち）の東にあるはずだ。

〈大小〉は大人・子供のこと、〈黥面文身〉は顔や身体への入墨のことです。邪馬台国時代の女王国では、男子は皆、大人も子供も入墨をしていたと記されています。おそらく郡使たちが会う男会う男すべてが何らかの入墨をしていたのだと思われます。

段落の後半では、倭人の入墨は国や身分によって異なっているとも書かれています。

この記述を信じれば、もともとは大魚や水禽から身を守るためのものであった入墨が、女王国では出身地や身分を示すための象徴、シンボルあるいは記号とか目印のような役割に変わっていた可能性が考えられます。

【新解釈】倭人が自称した「大夫」と「太伯之後」

この段落の二文目に〈自古以来其使詣中国皆自称大夫〉〈いにしえから中国に来る倭

の使いは、皆自らを大夫だと称する）という文章があります。

「大夫」はいまで言う大臣のような官職と考えられていますが、この一文は前後の文章と脈絡なく唐突に挿入されている印象が拭えません。

しかし、『三国志（さんごくし）』と『魏略（ぎりゃく）』との関連性から合理的に説明することができます。『魏略』は魚豢（ぎょかん）という人による魏の歴史を記した史書で、成立年代は特定されていませんが『三国志』以前に完成していたのが確実な書です。そして、『三国志』が『魏略』を参照・引用したとする説が有力視されています。

『魏略』自体は散逸して現存しませんが、『翰苑（かんえん）』という類書（百科事典のようなもの）に、次のような逸文が残っています。

聞其旧語自謂太伯之後　昔夏后小康之子封於会稽断髪文身以避蛟龍之害（『魏略』逸文：『翰苑』）

（訳）旧聞では倭人は自ら太伯（たいはく）の子孫であると言ったという。昔、夏后小（少）康の子が会稽に封じられたとき、断髪して身体に入墨をして蛟龍の害を避けた。

後段の夏后少康之子の会稽説話は、魏志倭人伝と同文です。魏志倭人伝が『魏略』を引用して書かれたのだとすれば、その際に〈聞其旧語自謂太伯之後〉（旧聞では倭人は自ら太伯の子孫であると言ったという）が〈自古以来其使詣中国皆自称大夫〉（いにしえから中国に来る倭の使いは、皆自らを大夫だと称する）に改変されたということになります。

比較してみると、『魏略』のほうが文脈が通っています。

鍵となるのは、「太伯」と「少康の子」です。

太伯は呉を建国した人物です。ただし、三国時代の呉ではなく、紀元前の春秋時代（紀元前七七一年～紀元前四〇三年）に存在した呉です。「句呉」とも呼ばれます。現在の蘇州市付近にありました。

太伯は周の古公亶父の子です。『史記』の「呉太伯世家」によれば、三兄弟の長子であった太伯は、末子の季歴を後継とするために、次男の虞仲とともに出奔し、蛮族のいた呉の地で国を建てます。それが呉の起源とされます。のちに季歴が呼び戻そうとしますが、太伯と虞仲は髪を切り全身に入墨をしてそれを拒みます。入墨は蛮族の証しであり、それを施すことによって文明の地に戻る意思がないことを示したのだとされています。

それは紀元前一二世紀ごろの話ですが、春秋時代に呉と敵対していたのが越という国です。その激しい争いは臥薪嘗胆や呉越同舟という四字熟語の由来ともなっています。戦いの結果は、紀元前四七三年に出ます。呉は越の勾践という王によって滅ぼされます。その勾践の祖先というのが夏の少康の子なのです。

夏は中国最古の王朝であり、紀元前一九〇〇年から紀元前一六〇〇年ごろに存在したと考えられています。その夏の少康の子は、具体的には無余という人物で、『史記』や『漢書』によると、会稽に封じられて越の王の祖先となったとされています。会稽というのは現在の浙江省紹興市にある会稽山付近の地域です。

そして、この無余に関しても、会稽に封じられたときに、断髪、入墨をして蛟龍（古代中国の想像上の動物で水の中に棲む龍の一種とされています）の害を避けたということが書かれているのです。

つまり、魏志倭人伝と『魏略』が、これら先行史書をもとに著述されたのは間違いありません。そして、明らかに筋が通っているのは『魏略』のほうです。「入墨」を通してすべての文脈が繋（つな）がります。

他方、魏志倭人伝が『魏略』を引用しながら、〈太伯之後〉を〈大夫〉と改変したのも明らかです。魏志倭人伝の〈自古以来其使詣中国皆自称大夫〉という文章であれば、この位置に挿入される蓋然性はまったくないからです。

では、なぜ改変されたのでしょう。太伯の「呉」と三国時代の「呉」は別物ですが、『三国志』撰述の直前まで強敵であった「呉」と倭の関係に言及するのを避けたのでしょうか。だとしても不自然です。

ひとつ考えられるのは、「大夫」が単なる大臣のような官職としてではなく、もっと深い意味を込めて用いられている場合です。

じつは、越王勾践が呉を滅ぼした経緯について、『漢書』地理志の「粤地（えっち）（越地）」の段に、「勾践が范蠡（はんれい）と大夫種（たいふしょう）を用いて呉を伐ち滅ぼした」という一文があります。

この大夫種は、文種（ぶんしょう）という勾践の忠臣のことです。そして、このあと読んでいく倭の習俗の記事には、『漢書』地理志を雛形とした箇所も見られます。

ですから、魏志倭人伝の用いた「大夫」は、「大夫種＝文種」という個人を意味するものだった可能性があります。つまり、陳寿は「太伯之後」を「大夫種之後」という意味合いに置き換えたのだと考えられます。

「呉の太伯」の「呉」が許せなかったのか、あるいは倭人が太伯のような偉人の後裔であることが許せなかったのかはわかりません。

また、具体的に「大夫種之後」とか「大夫之後」とは記しませんから単なる推測でしかありませんが、「呉の太伯の後裔であった倭人」は、「呉を滅ぼしたとはいえ粤（越）の臣下でしかない大夫種の後裔」へと降格させられたわけです。詳細な検討は今後の課題となりますが、そういう意図をもって書き換えられた可能性は高いと考えています。

倭人の身だしなみと生業（なりわい）

其風俗不淫　男子皆露紒以木緜招頭　其衣横幅但結束相連略無縫　婦人被髪屈紒　作衣如単被穿其中央貫頭衣之　種禾稲紵麻　蚕桑緝績出細紵縑緜

（訳）倭の風俗は淫(みだ)らでない。男子はみな髪をあらわに束ね、木綿を頭に巻いている。衣服は幅の広い布をただ結束して連ねたもので縫うことはない。婦人は髪を曲げて束ねている。衣服は単衣(ひとえ)のようであり、衣の中央に穴を開けそこに頭を通してかぶる。

禾稲(かとう)や苧麻(ちょま)を植え、桑を育て蚕(かいこ)を飼い、糸を紡いで細布や絹布を作り出す。

魏志倭人伝は、倭人の入墨に注目したのち、純粋な習俗・地誌の説明に入っていきます。

まず、〈其風俗不淫〉（倭の風俗は淫らでない）という一文が記されます。これは男女関係に限ったものではなく、倭人の社会が乱れていないこと、落ち着いて統制がとれていることを述べたものです。『三国志』は、倭人に関して割と好意的に捉えているように思えます。

そして、倭人の髪形や衣類に言及します。

筆者がこの記事のなかで気になったのは〈禾稲〉です。禾稲は通常、米をとるイネのこととされます。すると、なぜここにイネのことが記されているのかが、わかりません。
苧麻（カラムシ）はイラクサ科の植物で、茎の皮から丈夫な繊維がとれるため古代から植物繊維をとるために栽培されていました。そして、養蚕も行っていて、その糸で細布や絹布を織り出していたとされています。つまり、ここでは服、糸、布などについて語られているわけです。

そこに、なぜイネ、コメが記されるのだろうというのが疑問でした。当初は、藁で何かを編んだのか、あるいは「禾稲」はイネではなくイグサのようなものを指すのかとも考えました。

しかし、この文章が『漢書』を参考に書かれたとわかり納得できました。『漢書』地理志の粤地の段に、儋耳珠崖郡の話として次の一文があります。

民皆服布如単被穿中央為貫頭　男子耕農種禾稲紵麻　女子桑蚕織績（『漢書』地理志）

（訳）民は皆、単衣の布の中央に穴を開け、そこに頭を通して着ている。男子は田畑を耕し、禾稲や苧麻を植えている。女子は桑を育て蚕を飼い、布を織っている。

魏志倭人伝の文章とほぼ共通しています。しかし、『漢書』の文章では、前段の貫頭衣の話と後段の男子・女子おのおのの仕事の話は直接結びつきません。男子の仕事が農耕であり、女子の仕事が養蚕であると言っているに過ぎません。

しかし、魏志倭人伝はこの『漢書』の文章をベースにして、報告書に記された倭人の情報で書き換えたのだと思われます。男女の髪形や男女で異なる衣服を記すために男子と女子（婦人）を書き分けました。一方、農耕や養蚕については倭人も儋耳朱崖郡と同じように行っていたため文言をほぼ丸ごと流用しました。それで、最初に筆者が疑問を抱いたような文章が出来上がったのだと考えられます。

そうすると、魏志倭人伝の「禾稲」は米をとるイネのことであるとしてよいのではないかと思います。

さて、この箇所で女王国での養蚕について記されています。古代中国では養蚕技術は機密事項とされていましたが、この時期すでに倭国には伝来していたことがわかります。それで、いわゆる邪馬台国時代とされる弥生時代後期から終末期の遺跡で絹が出土すると、「ここが邪馬台国では」と関連付けて語られる根拠ともなっています。

倭地の動物

其地無牛馬虎豹羊鵲

（訳）倭地には牛・馬・虎・豹・羊・鵲（かささぎ）はいない。

倭地の動物について書かれていますが、なぜ、いる動物、目にした動物ではなく、いない動物、見なかった動物を記しているのか不思議に感じられると思います。

しかし、ここも『漢書』地理志の粤地の段、儋耳珠崖郡の記事をベースに記述されたと考えると理解できます。先ほどの文章に続いて語られるこのような記事です。

亡馬与虎　民有五畜　山多麈麖（『**漢書**』**地理志**）

（訳）馬と虎はいない。民は五種の家畜を飼っている。山には大鹿・小鹿が多い。

〈五畜〉というのは、牛・羊・豚・鶏・犬です。これに馬、虎、鹿を加えた八種を前提に、倭地にいたと報告されている動物を除外したのではないかと推測します。

すると、倭地にいたのは豚、鶏、犬、鹿ということになります。豚をイノシシと同義と考えれば、少なくもこれらの動物の骨は、郡使が立ち寄った可能性が非常に高い一大国の原の辻遺跡から全種類出土しています。

それらを除いた牛、馬、虎、羊に、倭地での生息記録のなかった豹と鵲を加えた六種をここに記しているのだと思います。

倭人の武器

兵用矛楯木弓木弓短下長上　竹箭或鉄鏃或骨鏃

（訳）倭人は武器として矛・楯・木弓を用いる。木弓は構えたときに下が短く上が長いものである。竹の矢には鉄の鏃あるいは骨の鏃が装着されている。

倭人の武器について書かれています。二四〇年に倭の地にきた梯儁一行は女王国の武器についてはとくに念入りに調べたのではないかと考えます。卑弥呼が遣使朝貢してきたとはいえ、女王国は未知の国であり、今後敵対する可能性のある国だったからです。その軍事力については詳細な調査が命じられていたはずです。だからでしょうか、木弓の特徴的な形状にまで言及しています。

そして、この記述も前出の儋耳珠崖郡の記事をベースにしています。動物に続く記事です。

兵則矛盾刀木弓弩　竹矢或骨為鏃（『漢書』地理志）

（訳）武器として矛・盾・刀・木弓・弩を用いる。竹の矢には骨の鏃が装着されることもある。

比較しますと、倭人の武器には「刀」と「弩」がありません。

この「刀」の定義は不明ですが、弥生時代後期の遺跡から素環頭太刀が出土していますから、なかったわけではなく、郡使たちの目に留まらなかっただけでしょうか。

「弩」は現在のクロスボウのような弓です。殺傷能力が高く戦闘力が飛躍的に向上しますが、倭人が用いることはなかったようです。

ここで注目されるのは、鉄鏃（てつぞく）（鉄のやじり）です。魏志倭人伝は、女王国ですでに鉄が使われていたと明記しているのです。

弥生時代後期後半から終末期付近の遺跡から出土する鉄鏃や鉄器の量を見てみますと、北中部九州が畿内を圧倒しています。それもあって、この記事は邪馬台国九州説の強力な根拠となっています。

身だしなみ・生業・動物・武器の感想

所有無与儋耳朱崖同

（訳）それらの有る無しは儋耳（たんじ）・朱崖（しゅがい）地域のものと同様である。

ここまで読んでくると、この一文がなぜここに入っているのかおわかりでしょう。

倭人の身だしなみから武器に至るまでの記事は、すべて『漢書』地理志の粤地段の儋耳珠崖郡の記事をベースに語られていました。

有無は同じだと記していますが、すべてが同じだったわけではありません。しかし、共通点は多くありました。列挙すると、「女性が単衣の貫頭衣を着ている」「禾稲や苧麻を植えている」「養蚕をして布を織っている」「馬と虎はいない（豚、鶏、犬、鹿はいたと推測）」「武器として矛・盾・木弓を用いる」「骨鏃を用いる」となります。

それを踏まえたうえで「同」と言っていますので、有無がすべて同じという意味ではなく、「似通っている」という程度の感想を挿入したのだと思います。

「粤地（越地）」の段に含まれていますが、儋耳・朱崖は現在の南シナ海の海南島地域を指します。越の国があった揚子江下流域の南側、現在の浙江省辺りからは大きく離れています。まったく方向違いの場所と言ってもよいほど南方に位置します。そこまで大きく離れた儋耳・朱崖が引き合いに出されているのには、ここまで見てきたような理由があるのです。

そして、ここで確認しておかなくてはならないのは、魏志倭人伝はあくまでも有無が儋耳・朱崖に似通っているのであって、倭地が地理的に儋耳・朱崖と近いとは決して言っていないということです。

しかし、魏志倭人伝の約一五〇年後に完成する『後漢書』は、その倭伝のなかでありえないことに「邪馬台国のある場所が朱崖・儋耳の近くである」と明記しています。

これは、のちほど見ていく会稽東治と会稽東冶の考察に大きく関わってきますので、両者の記述に大きな違いがあるということを頭に留めつつ次に進みます。

倭人の日常

倭地温暖　冬夏食生菜　皆徒跣　有屋室父母兄弟臥息異処　以朱丹塗其身体如中国用粉也　食飲用籩豆手食

（訳）倭の地は温暖である。冬でも夏でも生の野菜を食べている。みな裸足である。多少なりとも区切りのある家屋があり、父母兄弟は別々の場所で寝たり休んだりする。

朱丹を身体に塗るが、それは中国で白粉を用いるのと似通っている。食事には高杯を用い、手づかみで食べる。

ここから以降は、『漢書』地理志の雛形からは離れた記述となります。郡使たちの報告書からそのまま引用した文章なのかもしれません。

倭地は温暖で、人々は一年中生野菜を食べていると書かれています。中国では古代から生野菜を食する習慣がなかったようですから、わざわざ記したのかもしれません。

当時の一般の人々が住んでいたのは竪穴式住居です。だいたい直径は四～五メートルの円形のものが多かったようです。それほど大きな家とは言えませんが、記述に従えば、内部はそれなりに区切られ、部屋のようなものがあったように読めます。

朱丹は赤色顔料のことです。辰砂（しんしゃ）を精製した水銀朱（すいぎんしゅ）と考える方も多いのですが、当時、水銀朱は非常に貴重なものです。王の墓だといわれるような墓では棺（ひつぎ）の中を真っ赤に塗るほどふんだんに使われていますが、一般の人々の手に入るものではありませんでした。この記述のように日常的に身体に塗ることなどできません。

ですから、ここで言及されている朱丹はベンガラのことだと思われます。ベンガラだとすれば、例えば九州の場合、阿蘇山（あそさん）周辺がその原料であるリモナイト（阿蘇黄土）の一大産地です。そのリモナイトは約七〇%が鉄で、焼くとベンガラが得られますから、ある程度日常的に使用できるだけの量が供給されていたのだと推測できます。
食器として高坏を用いているにも拘わらず、まだ箸を使う習慣がないというアンバランスも記されています。

葬送儀礼

其死有棺無槨封土作冢　始死停喪十余日　当時不食肉　喪主哭泣　他人就歌舞飲酒　已葬挙家詣水中澡浴以如練沐

（訳）人が死ぬと、棺はあるが槨を作らず土で封じて塚を作る。死から一〇日あまりにわたって服喪する。その間は肉を食べず、喪主は大声で泣き、ほかの人たちは歌い舞い飲酒する。埋葬が終わると、一家を挙げて水に入り洗い清める。それは中国の練沐のようである。

倭人が亡くなったときの慣習が記されます。

墓には棺はあるが槨はなかったようです。槨というのは棺を納める部屋のことです。棺は、板石を箱型に組み合わせた箱式石棺の可能性が指摘されていますが、そのうえに直接土をかけて盛り土をした墓を作っていたと書かれています。いわゆる墳丘墓と呼ばれるものです。

ここで語られる「棺はあるが槨はない」という記録は、邪馬台国畿内説を否定する場合によく引用されます。

それは、畿内で邪馬台国時代の墓ではないかと考えられているホケノ山古墳（ホケノ山墳丘墓）などでは、棺は明らかに槨のなかに納められているからです。

持衰（じさい）

其行来渡海詣中国　恒使一人　不梳頭　不去蟣蝨　衣服垢汚　不食肉　不近婦人　如喪人　名之為持衰　若行者吉善　共顧其生口財物　若有疾病遭暴害　便欲殺之　謂其持衰不謹

（訳）倭人がどこかへ行ったり、海を渡ったり、中国にやって来るときには、いつもひとりの者に髪を梳(と)かさず、虱(しらみ)がわいても取らず、衣服は垢(あか)に汚れるままにし、肉を食べず、婦人を近づけずに、まるで喪に服している人のようにする。この者を名付けて持衰(じさい)という。
もし行く人々の道中が無事であれば、この者に生口(せいこう)や財物を与える。しかし、病人が出たり暴風雨にあって被害が出たりすると、この者を殺そうとする。それは持衰が不謹慎だったと考えるからである。

旅に際して、道中の無事を願って持衰を立てるという、倭人の特殊な風習が語られています。当時の旅、とりわけ船旅は非常な危険を伴うものでしたから、命がけでただひたすら道中の無事を願う人物にすがるような思いが生んだ風習だったのでしょう。

この短文からだけでは、持衰が旅の一行に同行したのか、あるいは集落で帰りを待ったのかは判断できません。

また、梯儁たちが実際にその目で見たのか、倭人からの伝聞記事なのかもわかりません。しかし前後の文章から類推しますと、陳寿(ちんじゅ)が『三国志』撰述時に挿入したものではなく、倭地の報告に記録されていたものだと思われます。

倭地の産物

出真珠青玉　其山有丹

（訳）真珠と翡翠を産出する。倭の山には丹がある。

真珠については、海から産する真珠（パール）とする説と赤色顔料の辰砂（真朱）とする説がありますが、ここでは真珠（パール）と考えてよいのではないかと思います。後世の『後漢書』はこの一文を引用する際に、明らかに真珠を意味する「白珠」という言葉に置き換えています。海の国である日本では、古代から真珠が特産物であったことがうかがえます。

〈青玉〉は翡翠のことだと考えられています。翡翠といえば、新潟県の糸魚川が産地として非常に有名です。邪馬台国の時代に糸魚川産の翡翠が全国に流通していたのは、考古学的に確かなようです。また、中国では純粋な翡翠が産出しないそうですから、その美しい石を見てわざわざ産物として特記したのだと思います。

　そして山から産する丹というのは、先述のようにベンガラの可能性が高いと考えます。『後漢書』はこの「丹」についても引用の際に「丹土」と言い換えています。それが真実を知ったうえでの書き換えなのであれば、石のような結晶として産出される辰砂よりも、土状で採取されるリモナイトのほうがより記述に即しています。

倭地の植物

其木有枏杼豫樟楺櫪投橿烏号楓香　其竹篠簳桃支　有薑橘椒蘘荷　不知以為滋味　有獮猴黒雉

（訳）倭の樹木には枏・杼・豫（橡か?）・樟・楺・櫪・投橿・烏号・楓香がある。

　倭の竹には篠・簳・桃支がある。薑・橘・椒・蘘荷があるが、滋養があり美味しい食べ物となることを知らない。獮猴・黒雉がいる。


倭の地に生えている植物についても詳細に記されます。しかし、樹木については当時の植生も考慮する必要があり、深い知見がないと特定は困難です。

ここでは、筆者が知り得た範囲内で比定するにとどめます。柟はタブノキ、杼はトチ、豫は橡の誤字であればクヌギかコナラ、樟はクスノキ、楺はボケ、櫪はクヌギ、投橿はカシ、烏号はクワ、楓香はカツラかカエデです。

ただし、これらの樹木名についてはどのように区切るかの判断も難しいところです。ですが、面白いことに一文字のものを先に、二文字のものをあとにしているように見えます。

すると、樹木名は、柟／杼／豫樟／楺櫪／投橿／烏号／楓香であった可能性や、柟／杼／豫／樟／楺／櫪／投／橿／烏号／楓香であった可能性も浮上します。

竹についても特定は難しいですが、篠はシノダケ、簳はヤダケ、桃支はマダケかシュチクということになるでしょうか。

続いて語られる薑はショウガ、橘はタチバナ、椒はサンショウ、蘘荷はミョウガのことです。中国では食べていましたが、倭人はまだ口にしていなかったということです。

獮猴はサル、黒雉はその漢字通りクロキジです。

卜占

其俗挙事行来有所云為　輒灼骨而卜以占吉凶　先告所卜其辞如秄令亀法　視火坼占兆

（訳）倭の習俗では、何かをするときやどこかへ行くとき、あれこれ決めかねるところがあれば、骨を焼いて卜し、その結果で吉凶を占う。まず先に占う内容を告げるが、その言葉は中国の令亀の法のようである。火によって出来る裂け目を見て兆しを占うのである。

倭人は骨を焼いて占いをしていたことが語られています。実際に占った痕跡のある骨を「卜骨」といいますが、卜骨は一大国と比定した壱岐島から鹿や猪の肩甲骨が出土しているのをはじめ、邪馬台国畿内説の候補地である奈良県の纒向遺跡や鳥取県の青谷上寺地遺跡など全国各地から出土しています。当時の日本で広く骨卜が行われていたことがわかります。

倭人の集まりと長寿

其会同坐起父子男女無別　人性嗜酒［注］見大人所敬　但搏手以当脆拝　其人寿考或百年或八九十年

（訳）倭人の集まりでは、座る位置や立ったり座ったりの順序に父子や男女の区別がない。倭人は酒好きである。［注：ここに後述の裴松之の注釈が付きます］大人が敬われる場面を見ると、ただ手を打つのみで、それが中国で行う跪拝の代わりとなっている。倭人は長生きで、寿命はあるいは一〇〇年、あるいは八、九〇年である。

ここでは倭人の集会の様子が描かれています。郡使一行をもてなすための集まりでしょうか。あるいは収穫を祝うお祭りでしょうか。

そこでは人々が雑然と座っていたことや、「大人」を身分の高い人とすれば、大人に敬意をはらうために中国では「跪拝」（ひざまずいて拝む）するところを倭人は手をたたくだけで済ませていたことを記しています。

おそらく郡使たちは儒教によって父子、夫婦、君臣、長幼などの秩序をわきまえていたと思われます。彼らの目には、倭人の社会にまだ儒教的な思想が定着していないように映ったのだと思います。

そして、倭人は非常に長寿だったと書かれています。後漢末から三国時代にかけての戦乱によって、郡使たちの暮らした帯方郡ではいわゆる長老として敬われる高齢者が少なくなっていたと想像できます。

それに比べて、倭地には高齢者が非常に多くいるように見えたのだと思います。それが、倭人には八〇歳、九〇歳、一〇〇歳まで生きる人が多いという誇張表現に繋がったのではないでしょうか。

裴注と二倍年暦

〈人性嗜酒〉（倭人は酒好きである）という一文に、裴松之の注釈が付いています。略して「裴注」と言われています。

裴松之（三七二～四五一年）は東晋および南朝宋に仕えた史官です。宋の文帝の命令により四二九年、明瞭正確だが簡潔すぎるという評価のあった『三国志』に膨大な注釈を付けて進上します。

参考にした書物はじつに一五〇種類以上あるとされ、陳寿の『三国志』本文と同じほどの分量の注釈を付けています。それから見ると、魏志倭人伝に付けられた注は少なく、二ヶ所のみにとどまっています。そのひとつがここに付された次のような注釈です。

魏略曰　其俗不知正歳四節　但計春耕秋収為年紀

（訳）魏略に曰く。倭の習俗では正月を年の初めとすることや春夏秋冬の四節が知られていない。人々はただ春に耕作し秋に収穫することを目安として年を数えている。

この裴注と、後段で語られている〈其人寿考或百年或八九十年〉〈倭人は長生きで、寿命はあるいは一〇〇年、あるいは八、九〇年である〉という記事を根拠として、「二倍年歴」というものが考案されています。

現在の一年を、当時の人々は二年として数えていたのだという説です。つまり、春に種を蒔いて一年、秋に収穫をして一年というように年を数えていたとするのです。すると、倭人の長寿についても、記された八〇年、九〇年、一〇〇年が半分の四〇年、四五年、五〇年となり、現実に即したものになると考えるのです。

しかし、裴注を読む限りにおいては、単に倭人の社会には中国の暦が知られていないということを記しているにすぎません。それ以上のことは何も語っていませんから、二倍年暦は明らかに拡大解釈だと言えます。

古代においても一年は一サイクルであるという原則は変わらないと思います。農業を基準にすれば秋の収穫から次の秋の収穫までが一サイクルと考えられたでしょうし、太陽を基準にすれば日の出の位置がひと巡りするのが一サイクルと考えられたはずです。ですから、当時の一年も現在の一年と同じように認識されていたと考えてよいでしょう。

この二倍年暦は、魏志倭人伝の枠を飛び越えて、よく『日本書紀』『古事記』の解釈に引用されます。古代の天皇が軒並み一〇〇歳を超える長寿なのは、二倍年暦で年齢を数えていたからだとするのです。

それ自体かなり強引な解釈だと言えるのですが、逆に言うと二倍年暦は古代天皇の年齢解釈に都合がよいので考案された説と言えるかもしれません。面白い説で人気もあるようですが、根拠は薄弱で成立しない説だと考えます。

【検証】会稽東治と会稽東冶

《東治・東冶論争》

邪馬台国論において結論の出ていない論争に、「東治・東冶」論争というものがあります。

倭人の入墨記事に続く一文がこのようなものでした。

計其道里当在会稽東治之東

(訳) 帯方郡からの道のりの里数を計算すると、邪馬台国はまさに会稽東治の東にあるはずだ。

魏志倭人伝の原文では〈会稽東治〉と書かれていますが、通説では「会稽東冶」が正しいとされています。

はたして、会稽東治と会稽東冶のどちらが正しいのかという論争です。

この論争の原因は、『後漢書』倭伝の記述にあります。

『後漢書』は、後漢時代（西暦二五～二二〇年）の歴史を記した中国の正史のひとつです。四三二年ごろから四三七年ごろにかけて完成したといわれています。撰者は范曄（はんよう）という人です。

後漢は二二〇年の禅譲により滅亡し、魏が建国されますので、後漢時代は三国時代より前（広義では一部重複）ということになります。

しかし、『後漢書』が完成するのはかなりあとの時代です。

『三国志』は三国時代が終わった直後の二八〇年代に完成しますが、『後漢書』は後漢時代が終わって二〇〇年以上もあと、『三国志』の完成から数えても一五〇年以上のちに完成したことになります。

さて、なぜこの論争に火が付いたかと言うと、それは、中国から見て邪馬台国がどの辺りにあると考えられていたかということに関連しているからです。それが、『三国志』

魏志倭人伝と『後漢書』倭伝で異なっているのです。

當在会稽東治之東（『三国志』）

（訳）邪馬台国はまさに会稽東治の東にある。

其地大較在会稽東冶之東（『後漢書』）

（訳）邪馬台国はだいたい会稽東冶の東にある。

「治」と「冶」。サンズイとニスイ、字面上は点一つしか違いはないのですが、そこから想定される場所は大きく異なります。

「会稽東治」だと「会稽の東部地域の治所」と解釈され、現在の江蘇省蘇州市辺りとなります。

一方、「会稽東冶」だと「会稽郡東冶県」という解釈で、現在の福建省福州市辺りとなります。

図7 「会稽東治」と「会稽東冶」

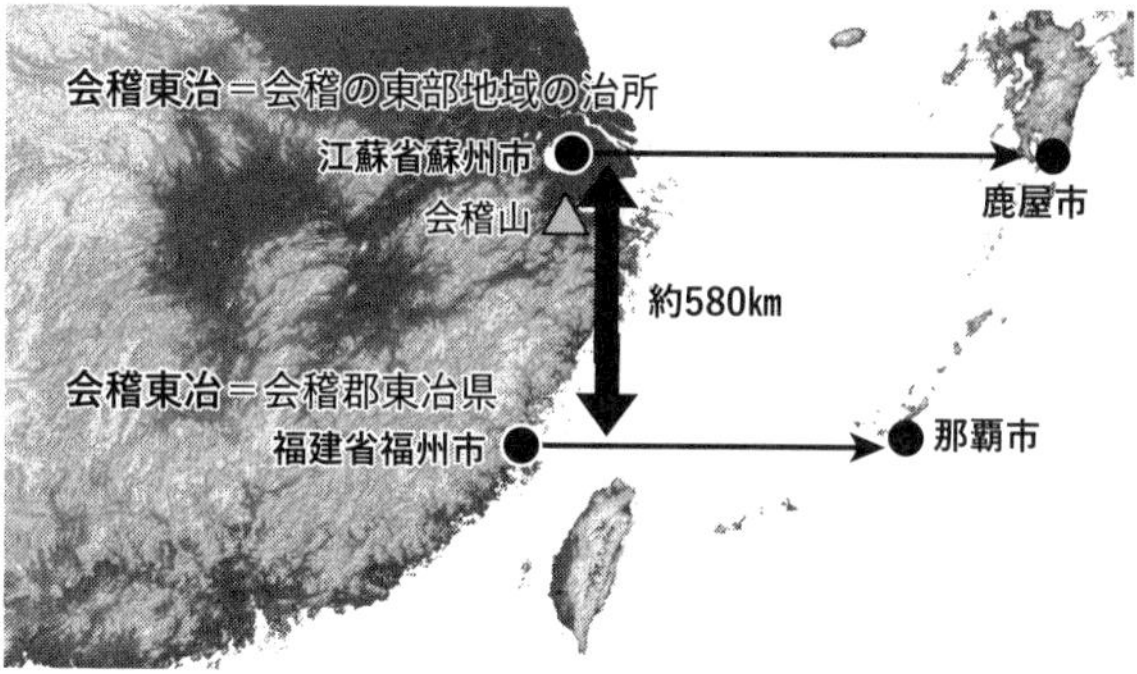

※地理院地図（電子国土Web）をもとに作成

両者は、南北で約五八〇キロメートルも離れています。

その東が日本列島のどこに当たるのかを見てみると、会稽東治の東は鹿児島県鹿屋(かのや)市付近に辿り着き、会稽東冶の東は沖縄県那覇市付近に辿り着きます（図7）。

結論から言いますと、筆者は『三国志』魏志倭人伝が記す通り「会稽東治」が正しいと考えています。

それは、「邪馬台国はまさに会稽東治の東にある」という一文の直前に、先ほど見たように夏の時代の王少康の子にまつわる会稽での逸話があるからです。

略記しますと「少康の子が会稽に封じられた

とき、断髪して入れ墨を入れて、蛟龍の害を避けた。倭の水人も入れ墨をして大魚や水禽から身を守っていた。諸国の入れ墨は、左右、大小、身分の差によって異なっている」というような話でした。

ここに登場する「会稽」は明らかに現在の紹興市にある会稽山付近を指しています。夏の時代に会稽郡はありませんから、それは明らかです。

そして、この逸話を受けて「邪馬台国はまさに会稽東治の東にある」と語られている以上、「会稽東治」説しか成立しないと考えられるのです。

「魏志倭人伝」はこの一文のあとにも、倭地の風俗や地誌についての記述を続けます。もし、「会稽東冶」だとしたら、関連性のないこの位置に入るのはおかしいのです。

《『後漢書』の誤認》

『後漢書』倭伝の記す「会稽東冶」が正しいなら、「会稽東冶」にはもっとふさわしい配置場所があります。

先に読んだ〈所有無与儋耳朱崖同〉〈それらのあるなしは儋耳・朱崖地域のものと同

様である）という一文の前後です。儋耳・朱崖は『漢書』地理志の粤地（越地）の段に記されていましたが、南シナ海の海南島周辺です。「会稽郡東冶県」よりも南になりますが、「会稽東冶」であるなら、身だしなみや動物、武器などが南方の儋耳・朱崖に似通っていると述べているこの付近に挿入されるのが適当だと思われます。

それゆえ、筆者は「会稽東冶」は明らかに『後漢書』の誤認だと考えています。

実際に、「会稽東冶」だと誤認した『後漢書』は、先ほどの文章に続けて次のように記しています。

其地大較在会稽東冶之東　与朱崖儋耳相近　故其法俗多同

（訳）その地はだいたい会稽郡東冶県の東にあり、朱崖・儋耳に近く、それ故に法や習俗の多くが同じである。

この記事からは、范曄の『後漢書』倭伝は、陳寿の魏志倭人伝と明確に異なる認識を持っていることがわかります。范曄は南シナ海にあった朱崖・儋耳地域と邪馬台国が地理的に近いと明言しているのです。

だからこそ、「会稽東治」ではなく「会稽東冶」を何の疑問も持たずに用いることができたのでしょう。

《『後漢書』倭伝の杜撰（ずさん）な要約》

ここで、「『後漢書』倭伝は魏志倭人伝を杜撰に要約したものである」ということについて確認しておきたいと思います。ただし、誤解を避けるために付け加えておきますと、あくまでも『後漢書』倭伝がそうだと言っているのであって『後漢書』全体がそうだと言っているわけではありません。『後漢書』が非常に評価の高い史書であると認めたうえでの話です。

『後漢書』倭伝を読まれたら、大多数の方が魏志倭人伝の引用・要約であるとお分かりになるでしょう（魏志倭人伝の底本が『魏略』の場合は、『魏略』からの引用・要約だったとも想定できます）。『後漢書』倭伝に編纂（へんさん）方針があったとすれば、魏志倭人伝を引用・要約して、魏の時代の情報を後漢末時点の情報らしく仕立て上げるというようなものだったのではないかと勘繰ってしまうほどです。

二〇四年に楽浪郡(らくろうぐん)を割いて置かれた「帯方郡」を「楽浪郡」と置き換えていることや、魏志倭人伝の「倭国乱」をわざわざ「桓霊(かんれい)の間（桓帝(かんてい)、霊帝(れいてい)の一四七年～一八八年）」の「倭国大乱」としたうえで、それを経て卑弥呼が共立されたことを記していますから、『後漢書』倭伝の立ち位置は二世紀末ごろであろうと推定できます。

そして、魏志倭人伝にない記事といえば、後漢時代の西暦五七年に倭の奴国(なこく)が朝貢してきて、光武帝(こうぶてい)が金印を授けたという記事と、一〇七年に倭国王の帥升(すいしょう)が生口一六〇人を献上して謁見(えっけん)を願い出たという記事だけです。

この二つの記事は後漢時代の出来事なので、三国時代が対象の『三国志』に書かれなかっただけで、陳寿には周知の事実だったとも考えられます。

『後漢書』倭伝に用いられる用語や数字なども魏志倭人伝とほぼ同じものですから、とくに魏志倭人伝以外の史料から新しい情報を多く仕入れているようには見えません。しかし、同じ用語や数字を用いつつも内容は明らかに異なるのです。正しく要約してくれていれば問題なかったのですが、多くの箇所で内容を歪(ゆが)めてしまっているのです。

では、『後漢書』倭伝の杜撰な要約や引用によって内容が改変されてしまったところを見ていきましょう。
まず冒頭の文章です。

倭人在帯方東南大海之中　依山島為国邑　旧百余国　漢時有朝見者　今使訳所通三十国（魏志倭人伝）

（訳）倭人は帯方郡の東南の大海の中にいる。山や島によってクニやムラを作っている。元は一〇〇余国に分かれていた。漢の時代に朝見してきた者がいた。いま、魏の時代に郡使や通訳が行き来しているのは三〇国である。

倭在韓東南大海中　依山島為居　凡百余国　自武帝滅朝鮮　使駅通於漢者三十許国（『後漢書』倭伝）

（訳）倭は韓の東南の大海の中にある。山や島に依って暮らしている。およそ一〇〇余国ある。（前漢の）武帝（ぶてい）が朝鮮を滅ぼしてから、使者や通訳が漢と行き来しているのは三〇ほどの国である。

魏志倭人伝は、倭はもともと一〇〇余国あって、漢の時代に朝見してきた者がいたが、魏の時代に郡使や通訳が行き来しているのは三〇国であると順序立てて説明しています。

一方、『後漢書』倭伝は、まず一〇〇余国あると記します。『後漢書』の記述の立ち位置は後漢時代（西暦二五〜二二〇年）ですから、「後漢の時代におよそ一〇〇余国ある」と述べています。

それに続けて、在位期間が紀元前一四〇年から紀元前八七年であった前漢の武帝が朝鮮を滅ぼしてから使者や通訳が行き来しているのは三〇ほどの国であると言います。三〇国が一〇〇国に増えたのか、昔からいまに至るまで三〇ほどの国だけが通交しているけれども倭の全体を見ると一〇〇余国あると言っているのか、曖昧で前後関係もわからない記事になってしまっています。

一〇〇余国とか三〇国という具体的な数字が同じですから、明らかに魏志倭人伝が元になっていると思われますが、魏の時代に足を置いて書かれた記事を、後漢時代に足場を移して書き直す際に無理が出てきて、このような記事になってしまったのだと推測できます。

『後漢書』倭伝は、倭の地の習俗や動植物、産物などについても記していきますが、ほぼすべて魏志倭人伝からの抜粋です。両者を読み比べてそれを否定する人はいないと思います。

しかし、それらは三国時代に女王国、邪馬台国にやってきた帯方郡使の見聞録を元に作成されていますから、『後漢書』に記載されること自体おかしなことだとも言えるのです。ただし、武器の段で「鉄鏃」が省略されていたりしますから、多少うわべの時代考証はされているように見えます。

さらに、『後漢書』倭伝は、魏志倭人伝に登場した狗奴国（くなこく）にも言及していますが、そこではとんでもない要約がなされています。

『後漢書』倭伝は、狗奴国についてこのように記します。

自女王国東度海千余里至拘奴国　雖皆倭種而不属女王（『後漢書』倭伝）

（訳）女王国から東へ海を一〇〇〇余里渡ると拘奴国に至る。皆倭種（倭の系統の人）だが女王には属していない。

この文章は魏志倭人伝の記す次の二つの文章を合体させて作っています。あとのほうの文章はまだ読んでいない箇所にありますが、ここでは先に引用します。

其南有狗奴国　男子為王　其官有狗古智卑狗　不属女王

（訳）女王国の南には狗奴国があり、男子を王としている。狗古智卑狗（くこちひく）という官がいる。狗奴国は女王（国）に属していない。

女王国東渡海千余里　復有国皆倭種

（訳）女王国から東へ一〇〇〇余里、海を渡るといくつかの国がある。皆倭種の国である。

魏志倭人伝では女王国の南にある狗奴国が、『後漢書』倭伝では東に海を渡った所にあることになっているのです。

『後漢書』倭伝を信じる人のなかには、魏志倭人伝と『後漢書』倭伝の文章を比較検討して、狗奴国の位置が女王国の東から南へ、あるいは逆に南から東へ移動したのだという説を唱える方もいます。

しかし、『後漢書』倭伝のほかの部分もほぼすべてが魏志倭人伝からの引用・要約にみえることから類推すると、ここも二つの文章が杜撰に要約された結果だとみることができます。

おそらく、男子の王と官の狗古智卑狗の存在については後漢以降の話だとして削除されたのでしょう。そして、特記事項のなくなった狗奴国を倭種の国々に含めてしまったために、女王国の南にあった狗奴国が女王国の東にあったことになってしまったのだと考えられます。

また、『後漢書』倭伝の文面は、狗奴国（『後漢書』倭伝では「拘」奴国）の人が皆倭種なのか、狗奴国のほかに国々がありそれが皆倭種なのかも曖昧になっています。

このように見てくると、四三〇年代に完成した『後漢書』は、二八〇年代に完成した「魏志倭人伝」の内容を、足場を後漢時代に移して要約しつつも、誤認を含んだ内容になってしまっていると考えざるを得ません。

《『後漢書』倭伝はなぜ「会稽東冶」と誤認したのか？》

では、なぜ『後漢書』倭伝は会稽東冶を会稽東冶と誤認してしまったのでしょうか。『三国志』には少なくとも次の五ヶ所で「東冶」という言葉が出てきます。

・孫策が呉県の厳白虎を討つ前に、浙江を渡り、会稽に本拠地を置いて東冶城を落としたという話が一ヶ所
・孫策が会稽に進撃して王朗を破った際に、王朗が東冶に逃げたという話に二ヶ所
・呂岱伝に出てくる会稽東冶の賊の話に二ヶ所

これらはすべて南方での出来事を記したものです。文脈上、「会稽東冶」で間違いないものばかりです。「会稽東冶」という熟語も呂岱伝には二度出てきます。

このように、「東冶」「会稽東冶」は複数回にわたって用いられている言葉なのです。

それらに混じって一ヶ所だけ用いられた「会稽東治」という言葉を深く理解できなかったために誤認が生じたのです。

つまり、陳寿が魏志倭人伝で正確に記した「会稽東治」を、後世の范曄あるいは倭伝の担当者が『後漢書』編纂の際に正しく理解することができなかったのです。それによって、ほかの箇所で用いられ、より一般的に認知されていた「東治」「会稽東冶」と混同されてしまったと考えてよいのではないでしょうか。

加えて、『後漢書』編纂時の范曄にすれば、中国から見て辺境の倭地や過去に存在した女王国（邪馬台国）の記事はそれほど重要なものではなかったとも考えられます。いわゆる魏志倭人伝は『三国志』全六五巻のごく一部分ですが、『後漢書』倭伝はさらに多い『後漢書』全一二〇巻のごくごく一部分にすぎません。厳密な校正・校閲もなされなかったのではないかと思います。

以上のことから、筆者は魏志倭人伝の会稽東治はそのまま会稽東治、「会稽の東部地域の治所」でよいと考えますが、もっとシンプルに考えても会稽東冶ではあり得ないという根拠があります。

「会稽東治」と「会稽東冶」を比べた場合、会稽郡東冶県という当時の固有名詞が存在する「会稽東冶」のほうが明らかに広く認知され、一般的に用いられる言葉です。いま見たように東冶は三国志で少なくとも五回使用されています。一方、東治は一回です。東治は一般的ではない特殊な言葉と言えます。

すると、「東冶」が「東治」に書き換えられたり誤記されたりする可能性は高いですが、逆に「東治」が「東冶」に書き換えられたり誤記される可能性はほとんどないと考えてよいでしょう。ですから、幾度にもわたる写本を経ても、後世にまで残っているということ自体が会稽東治説の根拠になるのではないかと考えます。

《『後漢書』の誤認がもたらすもの》

四三〇年代の『後漢書』倭伝において生じた、会稽東冶という誤認は大きな問題を引き起こすことになります。

二九七年にこの世を去った陳寿には、この明らかな間違いを指摘することはできません。『後漢書』は当時の皇帝文帝のお墨付きを得て、社会に受け入れられていきます。

倭伝については先述のように非常に杜撰な内容ですが、『後漢書』全体としてはとても評価が高く、普及も早かったと言われています。

それは、邪馬台国が「会稽東冶」の東、つまり沖縄県あたりの南方にあったという認識が定着することを意味します。陳寿が現在の九州あたりの緯度にあると正確に認識していた邪馬台国の所在地が、約六〇〇キロメートルも南に移動することになるのです。

現在、「会稽東冶」を前提に「倭国を呉の背後の大国だと思わせる必要があった」という説や、「倭国の貢献を司馬懿(しばい)の功績とするために倭国を大国にした」という説が語られています。

そのような論考は誤認がもたらせた弊害だと言えますが、誤認はそれ以上に魏志倭人伝に深刻な悪影響を及ぼすことになります。筆者は、誤認によって邪馬台国所在地が観念上、南へ大きく移動したことが現在の論争を巻き起こすことに繋がったと推測していますが、それについては魏志倭人伝の全文を読んだあとでまとめます。

【新説】邪馬台国の位置を見抜いたのは誰か？

《「会稽東治之東」は陳寿の推測か？》

ここでは、邪馬台国の位置が会稽東治の東にあると見抜いたのは誰か、そしてそれは本当に会稽東治だったのかを考えます。

前節で邪馬台国の位置は会稽東治の東が正しいということを確認しました。会稽東治ではなく、会稽東治の東です。

この邪馬台国の位置に関する記事については、『三国志』撰者の陳寿がそのように推測して挿入したと考えるのが一般的ですが、本当にそうなのでしょうか。

〈会稽東治之東〉が記される前後の文章を改めて確認します。

行程記事の最後の部分では、女王国の南にあった狗奴国について、〈其南有狗奴国男子為王其官有狗古智卑狗不属女王〉（その南には狗奴国があり、男子を王としている。狗古智卑狗という官がいる。狗奴国は女王に属していない）と記していました。

続けて、そこまでのまとめとして、〈自郡至女王国万二千余里〉（帯方郡から女王国に至る道のりの合計は一万二〇〇〇余里である）と述べていました。

そして、先に検証した倭人が大夫を自称したという伝承と夏の王少康の子の会稽での

図8 「会稽東治之東」前後の文章

A	其南有狗奴国 男子為王 其官有狗古智卑狗 不属女王 自郡至女王国万二千余里
B	男子無大小皆黥面文身 自古以来其使詣中国皆自称大夫 夏后少康之子封於会稽 断髪文身 以避蛟龍之害 今倭水人好沈没捕魚蛤 文身亦以厭大魚水禽 後稍以為飾 諸国文身各異 或左或右或大或小 尊卑有差 計其道里 当在会稽東治之東
C	其風俗不淫 男子皆露紒 以木緜招頭 其衣横幅但……

説話を引用した倭人の入墨に関する記事が入ります。〈男子無大小皆黥面文身自古以来其使詣中国皆自称大夫夏后少康之子封於会稽断髪文身以避蛟龍之害今倭水人好沈没捕魚蛤文身亦以厭大魚水禽後稍以為飾諸国文身各異或左或右或大或小尊卑有差〉（訳文は略）

それに続くのが、〈計其道里当在会稽東治之東〉（帯方郡からの道のりの里数を計算すると、邪馬台国はまさに会稽東治の東にあるはずだ）という問題の一文です。

その後は、倭の習俗の説明に入っていきます。〈其風俗不淫男子皆露紒……〉（倭の風俗は淫らでない。男子はみな髪をあらわに束ね……）というものでした。

その文章の構成を、図8のようにA、B、C、三つのブロックに分けてみます。

するとＡブロックまでの行程や地理に関する記事とＣブロック以降の習俗に関する記事に挟まれたＢブロックが、文脈上とても中途半端なものであることがわかります。

倭人の入墨という「習俗」に触れながら、倭人が大夫を自称したという「伝承」や少康の子の会稽での「説話」を絡めて紹介し、さらに会稽東治の東という「地理」情報を加えています。

ここで、魏志倭人伝の原史料を二四〇年に来倭した梯儁たちの報告書だと仮定して、Ｂブロックに記される「会稽東治の東」という地理情報を通説のように陳寿が付加したのだと考えると、少し違和感を覚えます。

梯儁の報告書に倭人の入墨情報は書かれていたと思いますが、大夫の伝承や会稽の説話などは書かれているはずがありません。それは、報告書には不要な情報だからです。

すると、陳寿は「帯方郡から邪馬台国までの道里は一万二〇〇〇余里である」という一文だけから、それが会稽東治の東であると導き出し、大夫の伝承や会稽の説話を古典から引用してくるとともに、報告書の後段に記録されていたと思われる入墨情報をこの場所に移動させてBブロックを記述したということになります。

あまりにも思考の飛躍が凄すぎます。それが陳寿の素晴らしさなのだと言えばそれまでですが、筆者には帯方郡から一万二〇〇〇余里という情報と、会稽東治の東という情報はそれほど関連性のあるものには見えないのです。

《「会稽東治之東」は梯儁報告書の記述か》

そこで、〈計其道里当在会稽東治之東〉（帯方郡からの道のりの里数を計算すると、邪馬台国はまさに会稽東治の東にあるはずだ）という一文は、梯儁の報告書に書かれていたものであると考えるところから、この新説は始まります。

つまり、Bブロックの「男子は大人・子供の区別なく……」から、大夫自称の伝承や少康の子の会稽説話を経て「身分によっても差がある」までは陳寿が編集した文章だけれども、会稽東治の東という地理情報は、梯儁の報告書においてAブロック最後の「帯方郡から邪馬台国までの道里は一万二〇〇〇余里である」という一文に続いて記されていたと考えるのです。

報告書から魏志倭人伝への経緯を次のように推測できます。

ここではより正確性を期すために、「大夫」の検証で見たように、梯儁の報告書と陳寿の『三国志』の間に、魚豢の『魏略』が存在したという前提で考えます。

原史料である梯儁の報告書は行程・地理情報を〈自郡至女王国万二千余里　計其道里当在会稽東治之東〉（帯方郡から女王国〔邪馬台国〕に至る道のりの合計は一万二〇〇〇余里である。その道のりの里数を計算すると、邪馬台国はまさに会稽東治の東にあるはずだ）と結んで、「倭の風俗は淫らでない……」と習俗の説明に入っていました。

それを読んだ魚豢が、〈会稽東治之東〉という文言に着目します。

そして、魚豢は『魏略』において、Cブロックに書かれている倭人の入墨情報と、『史記』や『漢書』の説話を引用・合体させてBブロックを記述しました。

その段階では、倭人が大夫を自称したとは書かれず、〈聞其旧語自謂太伯之後〉（旧聞では倭人は自ら太伯の子孫であると言ったという）という一文が入っていました。

その後、陳寿が『魏略』を底本として魏志倭人伝を撰述する際に、理由は不明ですが、呉の「太伯」を越の「大夫種」に置き換えて著述します。

そのような経緯で、Ｂブロックは地理情報と習俗情報に伝承や説話の入り乱れる、文脈上不自然な記述になってしまったと考えると納得がいきます。

すると、次の疑問が浮かびます。梯儁が〈会稽東治之東〉と報告書に書いていたのだとしたら、その目的は何か、そしてそれはどのようにして分かったのかという疑問です。

まず、目的は倭地の調査ということに尽きると思います。

第一章の梯儁報告書への地図添付説でも考察しましたが、二三八年に朝貢してきたとはいえ、魏にとって卑弥呼の女王国は未知の国であり、反旗を翻す可能性のある危険な国でした。

ですから、梯儁一行には倭人と女王国の綿密な調査が命じられ、調査隊が同行しており、測量や地図作製の専門技官もいたと考えました。地図は戦争において戦略・戦術面で最も重要なものであり、倭国との戦争を想定すれば、最優先で作製しなければならないものだったからです。

その詳細な調査によって邪馬台国の位置が判明したのだと考えられます。

図9 「一寸千里の法」の原理

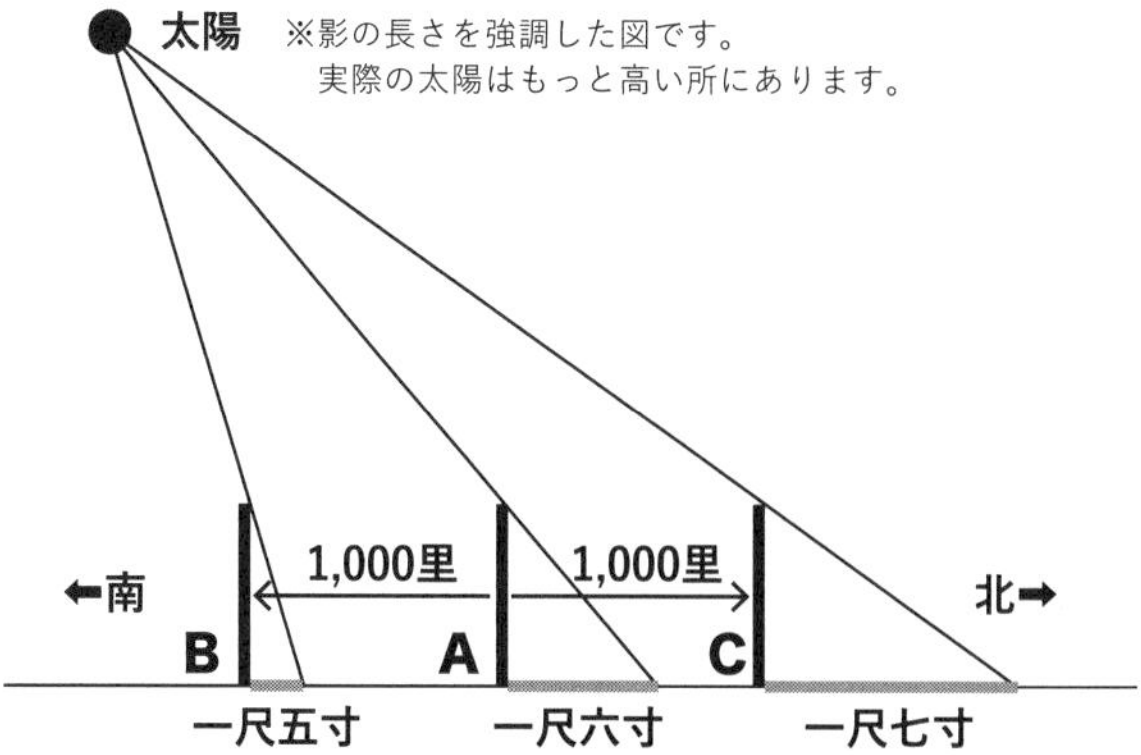

では、会稽東治の東という邪馬台国の位置はどのようにして測ったのでしょうか。

これについては、古代中国の天文数学書である『周髀算経（しゅうひさんけい）』というものがあります。中国では古代から天文学が発達していましたが、そこに「一寸千里の法」という測量方法が記されています。

根本的な原理は、夏至の正午（太陽の南中時）に八尺の髀（ひ）という棒を地面に垂直に立ててその影の長さを測るというものです。当時の一尺を二五センチメートルほどと考えると約二メートルの棒ということになります。

当時、太陽と地球の関係がどのように認識されていたのか筆者に判断できませんが、地表が平坦で、太陽が天空の一地点から光を発していると考えられていたとすると、図9のようになります。

基準はおそらく周の都のあった洛陽での計測値だと思いますが、基準点（A）で出来る影の長さが一尺六寸とすれば、一尺七寸の影が出来る（B）地点は（A）地点から北へ一〇〇〇里の地点、逆に一尺五寸の影が出来る（C）地点は南へ一〇〇〇里の地点というように測定します。

この一寸千里の法は、よく一里が何メートルかの根拠に引用されますが、ここではそれに触れません。ここで大事なのは、中国では紀元前から南北の緯度をこのように測定していたという事実です。

この夏至の正午の測定は多くの地点で行われ、データとして保存されていたと考えられます。新たな地点の測定結果をそれと照合すれば、その地点が測定済みのどこと同じ緯度にあるかが確実にわかるわけです。

当然、梯儁に随行した調査隊も女王国で測定したはずです。夏至に彼らがどこにいたのかは不明です。邪馬台国であったかもしれませんし、そうでなかったかもしれません。

あるいは、夏至の測定でなくても何らかの較正方法が知られていたのかもしれません。

結果として、八尺の棒がつくる影の長さを測った梯儁たちは、持参していた中国各地の測定データと照合することで、邪馬台国が中国のどの地点と同じ緯度すなわちどの地点の真東にあるのかを正確に知ることができたのだと思います。

それは、当然、地図作製に大きな威力を発揮しますし、その結果は報告書にも特記されたはずです。

《梯儁は「会稽東治」とは書かなかった》

しかし、ここで考えていただきたいのですが、梯儁が報告書に「会稽東治」の東などと書くはずはないのです。「会稽東治」は少康の子の会稽説話を受けてはじめて書かれるものであり、報告書にそんな説話が書かれない以上、「会稽東治」とは書きようがないのです。

では、梯儁は報告書にどのように書いたのでしょうか。

これは臆測の域を出ませんが、「建業（けんぎょう）」の東と書いたのではないかと推測します。

建業は二四〇年当時の呉の都です。孫権（そんけん）が二二九年に建業へ遷都しています。

三国時代真っただなかの二四〇年、魏と呉は覇を争って対立状態です。当時最も注視しないといけない国であり精力的な情報収集も行われたはずです。八尺棒の影の長さの実測データを入手していたかどうかはわかりませんが、建業は魏と呉の境界に近いところにあります。建業の地図や緯度の正確なデータは入手していたはずです。

そして、二四〇年時点では、女王国と呉との関係は、魏にとって最大の関心事だったと推察できます。両国に手を結ばれると大変だからです。

女王国の都である邪馬台国と呉の都である建業が同じ緯度にあると知った梯儁は、最重要事項として報告書に書き込んだのだと思います。「女王国の都のある邪馬台国は、敵国、呉の都の建業の真東にある」というふうにです。

しかし、後年おそらく二六〇年代にその報告書を目にした魚豢は、『魏略』のなかで「建業」という敵国の都の名称をそのまま流用はしませんでした。

地域一帯の名称としてよく知られた「会稽」に置き換え、古典に語られる呉の太伯および夏の少康の子無余の伝説と、倭人の入墨を関連付けて記述したのではないでしょうか。

そして、二八〇年代に陳寿の手を経て、魏志倭人伝の記事が成立したのではないかと考えるのが新説の概要です。

「邪馬台国の位置を見抜いたのは誰か？」という問いの答えは、「邪馬台国が建業の真東にあると見抜いたのは、梯儁一行に随行した倭地調査隊の測量技官であった」ということになります。

第四章

女王国の統治体制・周辺国記事を読む

【検　証】一大率から見る邪馬台国の位置
【検　証】「倭奴国」から「女王国」へ
【検　証】周辺国の位置関係
【検　証】「女王国」と「邪馬台国」
【新解釈】「周旋」から見えてくるもの

第四章では、女王国の統治体制や女王国の周辺国に関する記事を読んでいきます。

身分と法制

其俗国大人皆四五婦　下戸或二三婦　婦人不淫不妬忌　不盗窃　少諍訟　其犯法軽者没其妻子　重者没其門戸及宗族　尊卑各有差序　足相臣服

（訳）倭の習俗では、国の大人はみな四、五人の妻を持ち、下戸でも二、三人の妻を持っている場合がある。婦人は貞節であり、嫉妬しない。
窃盗はせず、訴えて争うことも少ない。倭の法を犯した場合、軽い者は妻子を没収し、重い者はその家族や一族ごと没収する。
身分の尊卑にはそれぞれ差異と序列があり、互いに上下関係が保たれている。

ここでは、女王国に一定の身分制度が出来上がっていたことを記しています。

大人は身分の高い人のこと、下戸は身分の低い人あるいは平民のことです。魏志倭人伝は、ほかにも奴隷階級であったと思われる奴婢や生口に言及しています。

それぞれの身分のなかにも序列があり、〈足相臣服〉（互いに臣服するに足る）と結ばれていますから、人々がその身分制度に納得はしなくとも順応した生活を送っていたことがうかがえます。少なくとも郡使たちの目にはそのように映ったということです。

倭人の一夫多妻についても記されています。その解釈として「大人はみな四、五人の妻を持ち、下戸でも二、三人の妻を持っているのだから、男女比が大きく崩れていたのだろう」とする論を目にすることもあります。実際、この記事を受けてのものだと思いますが、『後漢書』は〈国多女子　大人皆有四五妻　其余或両或三〉（国には女子が多い。大人はみな四、五人の妻を持つ。ほかの者も二、三人の妻を持つ）と記述しています。女王国には女子が多いと断言してしまっています。

しかし、大人の人口比は当然のことながら低かったでしょうし、下戸については全員が二、三人の妻を持っていたとは書かれていません。下戸のなかにも二、三人の妻を持っている者もいるというニュアンスです。当然、妻一人の下戸も多くいたでしょうし、独身の下戸もいたはずです。妻を持てない奴隷階級の男子も数多くいたと思われます。

ですから一夫多妻だからと言って、男女比に極端な差があったとみるのは少し短絡的ではないかと思います。

魏志倭人伝は、倭国、女王国に関して比較的好意的な記事を載せています。倭の習俗に触れた冒頭でも「倭の風俗は淫らでない（秩序が保たれているの意）」と記していましたが、ここでも、女性は慎み深く、窃盗や争い事が少ないと記されます。

それが真実なら、三国時代という厳しい時代を生きていた魏の役人である帯方郡使の目には、倭国、女王国が平和で暮らしやすそうな社会に映ったのかもしれません。

「没する」「没収する」は、奴婢にする、奴隷の身分に落とすという意味だと思われます。ただし、『三国志』の現存する最古の版本と言われる「紹興本」では〈重者滅其門戸及宗族〉（罪の重い者は家族や一族ごと滅する）と書かれています。それに従えば、滅してしまう、殺してしまうという解釈も成り立ちます。

「大倭」と「一大率」

収租賦有邸閣　国国有市交易有無　使大倭監之　自女王国以北特置一大率　検察諸国畏憚之　常治伊都国　於国中有如刺史　王遣使詣京都帯方郡諸韓国　及郡使倭国　皆臨津

捜露　伝送文書賜遺之物　詣女王不得差錯

（訳）租賦を収めさせており、それらを蓄えておく大きな倉庫を備えた基地がある。国々には市があり有無を交易している。大倭にこれらを監督させている。女王国より以北には、特に一大率を置き諸国を検察させている。諸国はそれを畏れ憚っている。一大率は常に伊都国に治所を置き、国の中で中国の刺史のようにふるまっている。

王が使いを京都（洛陽）や帯方郡、諸韓国へ送るとき、および郡使が倭国に来たときには、みな伊都国の港で臨検し、文書や賜物を確認して、女王の元に間違いなく届けるようになっている。

女王国では租賦を取り立てていたと書かれています。租賦には、稲や雑穀といった収穫物、絹や麻布などの生産物、丹や真珠などの特産物などが含まれていたと思われます。

この記事から得られる重要な情報は、女王国の戸籍制度です。租賦を取り立てるには戸籍が必要です。ですから、原初的なものだとしてもすでに戸籍が制度化されていた可能性があるのです。

弥生時代については以前の穏やかな農耕社会というイメージは崩れ、現在では激しい戦争、紛争、略奪の時代というイメージとなっています。人々は「倭国乱」の厳しい時代を経て成立した女王国の庇護下に入ることによって、一定の安全を得るための対価として租賦を納めていたのでしょう。

そして、その戸籍情報が郡使たちに提供されていたとすると、魏志倭人伝の各国記事に記された戸数にも反映されているのかもしれません。

ところで、筆者は以前からこの文章〈収租賦有邸閣〉(租賦を収し、邸閣が有る)が気になっていました。従来から、必ずと言ってよいほど独立して訳されています。この一文のみで完結するようにです。

記事は続けて「大倭」と「一大率」という二つの官職に言及します。それぞれの仕事内容も記します。大倭は市と交易を監督し、一大率は諸国の検察と、女王に届く品々および外国に届ける品々の臨検を担っていたとされます。

そして、この前段・後段を通して読むと、身分制度や法制度、統治体制などが、大人、下戸、大倭、一大率、王などの人物と関連付けて語られています。

すると、租賦を取り立てたり、それを納める倉庫を管理するのは誰なのでしょうか。それが記されていないのが不可解なのです。

そこで筆者は、〈収租賦有邸閣　国国有市交易有無　使大倭監之〉をひと固まりとして、大倭の職域を記したものではないかと推察します。すなわち、大倭は市と交易の監督だけでなく、収税の監督や倉庫・収納物の管理も担っていたのではないかと思うのです。女王国の経済・流通面を担当する官職が大倭だったという解釈が成立する余地もあるのではないかと考えます。

【検証】一大率（いちだいそつ）から見る邪馬台国の位置

魏志倭人伝は「大倭」に続いて「一大率」という官職について記します。一大率は広く知られた官職ですから、邪馬台国の関連本を読まれた方なら一度は目にされたことがあると思います。

この「一大率」という官職ですが、そのまま「一大率」という名称だったとする説と、

「一」は一人という意味だとして、官職名自体は「大率」であり、ここでは「ひとりの大率」と書かれているのだと考える説があります。両論が並立する状況ですが、本書では便宜上、一大率と表記します。

この一大率は中国の「刺史」のようだと書かれています。刺史は、一般的に監察官というように訳されます。つまり、一大率は諸国の官や副官、役人が正しく職務を行っているかどうかを監督し、査察を行っているように、郡使たちには見えたということなのでしょう。

また、一大率の拠点は伊都国にあると記されますが、伊都国の紹介記事では〈郡使往来常所駐〉（郡使が往来するとき、いつも駐留する所である）とされていました。郡使の運ぶ物品を港で臨検するだけでなく、とどまる郡使たちの対応をするのも一大率の役目だったと考えられます。

先に大倭が経済・流通面を担う役職ではないかと推察しましたが、対して一大率は政治や外交面を担当する役職だったと推察できます。

さて、この一大率に関しては、三国志研究の第一人者である早稲田大学・渡邉義浩（わたなべよしひろ）教授が『魏志倭人伝の謎を解く』（中公新書）という本の中で興味深い考察をしています。

その渡邉氏の論考を筆者なりに要約させていただくと、次のようなものです。

『後漢書』に「刺史」についての記述があります。前漢の武帝によって初めて置かれた刺史は、その後州牧と改称されたりしますが、後漢の光武帝の時代、建武一八（西暦四二）年、刺史が復活します。

『後漢書』に書かれているのは、「一二人は各々一州を主り、その一州は司隷校尉に属す」というもので、後漢の一三州のうち、一二州は刺史を置いて監察させ、一州だけは司隷校尉に属させたとされています。その一州というのは後漢の首都洛陽を含むいわゆる「首都圏」のことです。つまり、首都圏には刺史ではなく、より強い権限を持つ別格の司隷校尉が置かれているのです。

この司隷校尉と刺史の違いは、邪馬台国への使者も陳寿らも常識として知っているはずです。だから、邪馬台国が九州にあるなら、首都圏である伊都国に治所を置く「大率」（※渡邉氏は「一人の大率」という解釈です）は、「刺史」ではなく、より権限の強い「司隷校尉」に準えられなくてはなりません。

すると、伊都国に置かれた「大率」を「刺史」と表現しているのは、伊都国が首都圏に属さないということを意味します。すなわち、邪馬台国が九州にないことが、文献解釈から証明できるのです。

渡邉氏はこのような根拠から、大和にあった邪馬台国が、伊都国に置いた「大率」によって北九州諸国を監察させていたと考察しています。

中国古代史を熟知された方ならではの、素晴らしい見解だと思います。北部九州説者も真っ向から反論はできないでしょう。そして、これが正しいとなると、伊都国を首都圏と想定できる範囲の北部九州説は成立しないということになります。

ところが、では大和説が成立するのかというと、ひとつ問題となるのは当時、いまのように交通網が整備されていない時代に、大和から北九州を統治することが本当に可能だったのかということです。

これは渡邉説に対する疑問というよりも、畿内説全般に対する疑問と言ったほうがいいかもしれません。当時、畿内から九州を遠隔統治することは難しかっただろうと考える研究者も多いように思います。

では、この見解は間違いなのかと言うとそうではなく、この説はあくまでも邪馬台国北部九州説を否定するものであって、伊都国から一定の距離があり、伊都国を首都圏と考えない九州説にとっては強い追い風となる説だと言えます。その場合、伊都国には魏志倭人伝の記述通り「刺史」が置かれることになるからです。

加えてもう一つ、九州中南部説にとっては強力な根拠となる記述があります。一大率に言及した冒頭の〈自女王国以北　特置一大率〉（女王国より以北には、とくに一大率を置き諸国を検察させている）という一文です。

この女王国は邪馬台国を指しますから、邪馬台国より北には特別に一大率が置かれていると述べています。すなわち、一大率は邪馬台国の「北」にいたと断言されているのです。

畿内・大和から見ると伊都国は明らかに「西」です。決して北ではありません。しかし、九州中南部から見ると伊都国は「北」と言ってよい位置にあります。

大和説と九州中南部説がどちらも「邪馬台国と伊都国の距離感」という問題をクリアするとしても、この「北」という方角によって、より魏志倭人伝の記述に忠実なのは、九州中南部説のほうだと言えるでしょう。

少し想像の枠を広げて、一大率はいったいどんな人たちだったかを考えてみます。一大率の拠点は伊都国にありました。そして、邪馬台国の時代には、下賜品・献上品をチェックしたり、使節団の滞在施設が想定されるように、伊都国は外交の窓口でもありました。

また、一大率は邪馬台国以北の諸国を検察しています。この諸国には、邪馬台国への経由国だけをみても、狗邪韓国、対馬国、一大国、末盧国、伊都国、奴国、不彌国、投馬国という国々が含まれます。つまり、対馬海峡、玄界灘がその主な活動範囲なのです。すると、海の専門知識と経験が必須です。普段陸上で生活している農耕民やその部族などに務まるはずがありません。

筆者は、帯方郡使の来倭に際して、一大率が水先案内を務めたのではないかと想像していますが、当時渡航が厳しかった対馬海峡で活動できた彼らは海のスペシャリストであったと考えられます。

　そうであれば、一大率に任命されたのは、古来、朝鮮半島から対馬海峡をわたり北部九州、さらには出雲（いずも）、越（こし）にいたる環日本海交易ネットワークというものを牛耳っていた海人族（あまぞく）だった可能性が高いと思います。

大人と下戸の礼儀

下戸与大人相逢道路　逡巡入草　伝辞説事　或蹲或跪両手拠地為之恭敬　対応声曰噫比如然諾

（訳）下戸が道路で大人と出逢うと、後ずさりして脇の草むらに入る。言葉を伝えたり物事を説明するときは、うずくまったり、ひざまずいたりして両手を地面につける。これにより恭敬（きょうけい）の意をあらわす。それに応じる声は「噫」という。中国の然（ぜん）諾（だく）に当たるものである。

ここで然諾（承諾の意）を表す声として用いられている漢字「噫」ですが、その発音には「おお」「おう」「あい」「ああ」などさまざまな説がありますが、結論は出ていません。

そして、「噫」を発するのは下戸か大人かというのも、前文の「伝辞説事」するのはどちらかという主語と相まって判断に迷うところです。ただ、この段落冒頭の主語が「下戸」であることを考えますと、「伝辞説事」するのも下戸であり、それに対して「おお、わかった」「あい、わかった」と答えるのは大人だと読むのが隠当でしょう。

女王卑弥呼の来歴

其国本亦以男子為王住七八十年　倭国乱相攻伐歴年　乃共立一女子為王　名曰卑弥呼

（訳）その国はもとまた男子を王として七、八〇年治まっていた。その後、倭国が乱れ、互いに攻撃しあうことが何年も続いた。そこで、一人の女子を共立して王とした。名前を卑弥呼（ひみこ）という。

ここでいよいよ卑弥呼が登場します。卑弥呼は、男王の時代ののちに勃発した「倭国乱」を収めるために共立されたのだと記されます。

【検証】「倭奴国」から「女王国」へ

いま読んだ文頭の「その国」というのは、卑弥呼の下に三〇国が連合した「女王国」を指すと考えられます。ただし、男王がいた時代の国名は当然「女王国」ではなかったでしょうから、いわゆる「倭国」と考えてよいと思います。

卑弥呼を共立して誕生した「女王国」以前の倭地の国については、『後漢書』倭伝に具体的な記録があります。

建武中元二（五七）年には、倭奴国が朝見して光武帝から金印を賜与されました。志賀島から出土した金印には「漢委奴国王（漢の倭の奴国王）」と彫られていますし、朝見記録に付随して「倭奴国は倭国の極南界（最も南の果て）」にあると記されています。

そのため、この時点ではまだ倭国（倭の地）は統一されておらず各国が分立していた状況だったように読めます。そして、奴国が福岡平野にあった国だとすれば、当時の倭国域（倭の領域）は、南は福岡平野までしかなかった、あるいはそこまでしか認識されていなかったわけです。

ところが、『後漢書』倭伝は続けて、永初元（一〇七）年に倭国王帥升が生口一六〇人を献上して謁見を願い出たという記録を載せています。わずか五〇年後には「倭国王」というものが誕生しています。

帥升の「倭国」が、五七年に朝見した「倭の奴国」の発展したものか、ほかの国が伸長して周辺国を併合したものだったかは不明ですが、帥升は倭の複数の国々を統べる王として後漢の皇帝に謁見を願い出たのだと思います。

そして、倭国王として中国史書に登場するのは帥升が最初です。帥升が一世紀末から二世紀初頭に倭国王の地位に就いたのだとすれば、そこから代々帥升の血統の王によって七〇~八〇年間にわたって倭国内はひとまず治まっていたと魏志倭人伝は記します。

しかし、その後、倭国内が乱れて、数年にわたって内戦状態に陥ったようです。「倭国乱」の原因は記されませんが、倭国王がさらなる領域拡大を図ったのかもしれません。例えば、福岡平野以北を領域としていた倭国王が、筑紫平野以南も併合しようとして攻め込んだというようにです。

いずれにしても、かなり広範囲に及ぶ戦乱だったのは間違いありません。なぜなら、その戦乱を終結させるために話し合いが行われ、卑弥呼を女王として共立するわけですが、それによって誕生する女王国が三〇国の連合体と考えられるからです。「倭国乱」後に加わった国もあったと想定できますが、「倭国乱」は多くの国々を巻き込んだ戦乱だったということです。

魏志倭人伝は伊都国記事において、伊都国に代々王がいたことを記しています。それが、おそらく倭国乱以前の倭国を治めていた帥升およびそれを継いだ王たちであり、伊都国に都を置いていたのだと考えると各記事の内容が一致してきます。

しかし、倭国乱を経て女王国が誕生した途端に、都は邪馬台国に遷っています。そして、伊都国に王はいなくなります。重要な国であることは変わりませんでしたが、女王卑弥呼が任じた官と副官が治め、一大率の拠点の置かれる国へと変貌しているのです。

筆者は、倭国乱以前に伊都国にいた倭国王が治める領域は対馬海峡および福岡平野を中心とした範囲だったのではないかと考えます。しかし、新しく成立した女王国の範囲は東西および南へ大きく拡大したのだと推測します。すると、伊都国記事で考察した〈世有王皆統属女王国〉を「伊都国には代々（対馬国、一大国などの国々をまとめる）王がいたが、（倭国乱を経て、過去にいた王の勢力下の国々は）いまは皆、女王国に統属されている」と読む解釈とも整合してくるのです。

女王卑弥呼の人物像

事鬼道能惑衆　年已長大　無夫壻　有男弟佐治国　自為王以来少有見者　以婢千人自侍
唯有男子一人　給飲食伝辞出入　居処宮室楼観城柵厳設　常有人持兵守衛

（訳）卑弥呼は鬼道（きどう）を行って、大衆の心をつかんでいる。すでにかなりの年齢に達している。夫はいない。弟がいて、国を治めるのを助けている。王となってからは卑弥呼を見た者は少ない。一〇〇〇人の婢（ひ）が卑弥呼の世話をしている。一人だけ男がおり、食事の世話や、外部からの連絡や報告を伝えるために出入りしている。卑弥呼の居るところは、宮室（きゅうしつ）、楼観（ろうかん）、城柵（じょうさく）を厳（おごそ）かに設け、常時武器を持った者が守っている。

魏志倭人伝は、卑弥呼がどのような女王であったかを比較的詳細に説明しています。これは当然です。梯儁（ていしゅん）が来倭した二四〇年時点で、魏にとって卑弥呼がどんな女王なのかは注視すべき事柄です。梯儁たちには詳しく調べて報告するように命令が下されていたと思われます。

卑弥呼は「鬼道」を行って大衆の心をつかんでいたと記されていますが、「鬼道」が具体的にどういったものであったかは記されていません。

ただ、『三国志』は道教一派である五斗米道（ごとべいどう）の指導者であった張魯（ちょうろ）という人物と関連付けて「鬼道」という言葉を用いています。

ですから、まったく同じ教義ではなかったでしょうが、道教系の民間信仰だったと思われます。多くの神を崇拝し、呪術を用いて占いや予言を行うような信仰です。

魏の帯方郡使たちはおそらく儒教の立場です。もし、この「鬼道」という言葉が報告書に記されていたとすると、彼らから見て異端と言える民間信仰を広い意味で「鬼道」と書いたのかもしれません。あるいは、卑弥呼が米を受け取っているような光景を目にして、五斗米道と関連のある「鬼道」という用語を用いたのかもしれません。五斗米道では信者から五斗の米を受け取っていたからです。

卑弥呼はかなりの高齢で、夫はなく、弟が国を治めるのを助けていたと記されます。若い巫女のイメージでイラスト化された卑弥呼を目にすることが多いですが、梯儁が卑弥呼に面会した二四〇年にはすでにかなりの年齢に達していたようです。

また、夫はいないという記述に関して、一般的に卑弥呼は生涯独身だったという解釈が定説化しています。もちろん、独身で後継者もいない女性だったからこそ、諸国は女王卑弥呼の共立に合意できたとする解釈も成り立つと思います。しかし、この記事だけを読む限りにおいては、昔は夫がいたけれども二四〇年時点では夫は亡くなっていたという推測も可能になります。

奈良時代の七二〇年に成立した『日本書紀』は、卑弥呼に準えた女帝として神功皇后を描いていますが、皇后は若くして夫の仲哀天皇を亡くしたことになっています。『日本書紀』編纂者の認識もそのようだったことがうかがえます。

そして、弟が卑弥呼を補佐していたという記述から、邪馬台国ではヒメヒコ制というものが行われていたという説があります。ヒメヒコ制は、女性の長が祭祀を行い、男性の長が政治・軍事を掌(つかさど)りながら分業的に統治を行っていたと考えるものです。

このヒメヒコ制を邪馬台国に当てはめて、卑弥呼が呪術・祭祀を行い、弟が政治・軍事を担っていたのではないかとする説です。もちろん、その可能性は否定できませんが、この記事だけからそのように類推するのは少し論が飛躍しすぎているように思います。弟に関する詳細は何も書かれていませんし、卑弥呼は共立された立場ですから、そこに政治・軍事に関する強力な決定権を握る人物は想定しづらいと思います。魏志倭人伝の後段で難升米(なしめ)などの将軍らしき人物も登場します。ここは文面通り、弟は単に補佐していただけと読むほうがよいように思います。

ここでは卑弥呼の居処(きょしょ)にも言及されています。暮らしているところには宮殿と楼観(物見やぐら)があり城柵で囲まれていて、常に武器を持った兵士に守られていました。卑弥呼の居処自体がひとつの環濠集落のようだったと想像できます。

ところで、邪馬台国研究者のなかには、梯儁たち郡使は「卑弥呼に会っていない」「邪馬台国まで行っていない」と言う人がたくさんいます。それには放射説の登場も影響しています。放射説では伊都国から先の行程記事は伊都国での伝聞記事であり、郡使たちは伊都国までしか行っていないと想定するからです。

しかし、いま見た卑弥呼に関する記事すべてが倭人からの伝聞とは思えません。実際にその目で見ないと書けないような記事です。素直に読めば、郡使たちは卑弥呼の宮殿まで行き、卑弥呼に謁見し、卑弥呼の仕事ぶり、暮らしぶりを目にしたのは明らかだと思います。

周辺の国々

女王国東渡海千余里　復有国皆倭種　又有侏儒国在其南　人長三四尺　去女王四千余里又有裸国黒歯国復在其東南（船行一年可至）

（訳）女王国から東へ一〇〇〇余里、海を渡るといくつかの国がある。みな倭の系統の人の国である。

また、その南に侏儒国（しゅじゅこく）がある。侏儒国の人の身長は一メートルほどである。侏儒国は女王国から四〇〇〇余里離れたところにある。

> また、裸国と黒歯国がある。また同様にその東南にある。

女王国の南には狗奴国がありましたが、東のほうにも国があったことが記されます。倭種の国、侏儒国、裸国、黒歯国です。

　これらの国々が梯儁の報告書に書かれていたのだとすれば、それは女王国での伝聞情報だったと考えられます。

　梯儁たちの目的は女王国に行って卑弥呼に会うこと、皇帝からの下賜品を渡すことです。それに付随して、女王国の詳細な調査が命じられていたとしても、最終目的地は卑弥呼の都のある邪馬台国ということになります。そこから、わざわざ海を渡って一〇〇〇里も四〇〇〇里も離れた得体の知れない国に行くはずがありません。ですから、倭人から周辺の国々について情報収集した記録だと思われます。

　ここに用いられている「侏儒国」「裸国」「黒歯国」というのは紀元前に成立していた地理書である『山海経』に登場する国々です。『山海経』は、東方に「小人国（侏儒と同義）」「裸国」「黒歯国」があると記しています。

ですから、倭人から聞き取った国々にそのような既知の国名を当てたのか、あるいは陳寿（もしくは魚豢）が『三国志』（もしくは『魏略』）撰述時に先行書から引用した可能性も少なからず考えられます。ただし、実際に足を運んだ人物から聴いていないとすると、「四〇〇〇余里」という具体的な里数の出所を説明できません。

また、この段落末の〈船行一年可至〉にカッコを付けました。これは従来、裸国・黒歯国への手段と期間とされ、船で一年もかかる遠方に両国があったのだと解釈されていました。それに従って、果ては南米に比定する説まで提示されてきました。

これについては、近年登場した〈船行一年可至〉はこの後の文言にかかるのだという説を採用したいと思いますので、カッコ付きとしました。次の段落で詳細を見ていきます。

【検証】周辺国の位置関係

記事を読んでいくと、女王国の東側に海を挟んで、倭人の別の国があったことがわかります。〈皆〉を国とみると、一つではなく複数の国があったことになります。

　そして、その南に侏儒国が位置付けられています。「その南」の「その」は、倭種の国々のある地域を指すと考えられます。魏志倭人伝の記述からはそのように読めるのですが、先に見た『後漢書』倭伝の認識は異なっています。

〈自女王国南四千余里至朱儒国〉（女王国より南に四〇〇〇余里で朱儒国に至る）と明言しています。これによって、魏志倭人伝の記事も女王国から南へ四〇〇〇余里の所に侏儒国があると読む人も多く見られます。

　しかし、もし侏儒国が女王国の南にあるなら、魏志倭人伝こそが『後漢書』倭伝のように端的に書くはずです。「またその南に侏儒国があり、侏儒国は女王国から四〇〇〇余里離れた所にある」などという回りくどい書き方はしないでしょう。文脈上、女王国↓倭種の国々↓侏儒国というように、女王国と侏儒国の間に倭種の国々を挟んでいるからこそ、このような文章になっていると考えられます。

　すなわち、『後漢書』倭伝は、ここでも魏志倭人伝を引用・要約しながら、侏儒国の位置を誤認してしまっていると言えます。

　さて、続く裸国と黒歯国の位置については、「倭種の国々の東南」か、「侏儒国の東

図10　周辺国の位置関係イメージ図

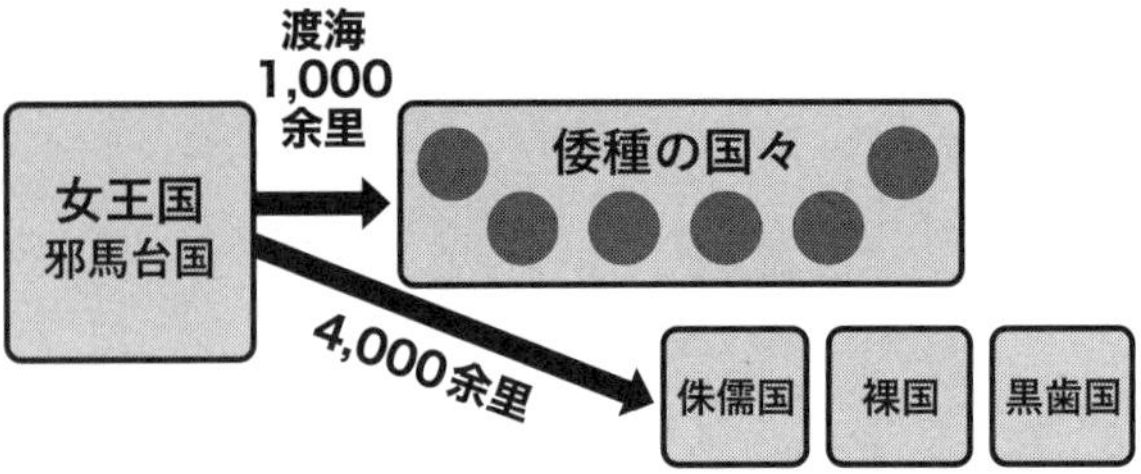

南」かで迷うところです。

しかし、「復」を「また同様に」と読むと、倭種の国々の東南と読むのが妥当であることがわかります。

「復」の比較対象となるのは侏儒国記事に見られる〈在其南〉です。ふたつの記事を繋げてみます。〈又有侏儒国在其南　又有裸国黒歯国　復在其東南〉となります。ここに「侏儒国」と「倭種の国々」を代入して訳してみます。

「侏儒国」の場合は、「また侏儒国がある。倭種の国々の南にある。また裸国・黒歯国がある。また同様に侏儒国の東南にある」となります。

「倭種の国々」の場合は、「また侏儒国がある。倭種の国々の南にある。また裸国・黒歯国がある。また同様に倭種の国々の東南にある」となります。

これを比べてみますと「侏儒国」を当てはめた文章がお

かしいことがわかります。何が「また同様に」なのか不明です。「東南」が「南」であれば成立の余地がありますが、「東南」では意味が通じません。一方、「倭種の国々」を当てはめると文意が通じます。

したがって、裸国と黒歯国は倭種の国々の東南にあったと解釈できます。

ここに登場する国々の位置関係をまとめますと、女王国から東へ海を一〇〇〇余里渡ると倭種の国々の地域があり、倭種の国々の地域の南側の女王国から四〇〇〇余里離れた所に侏儒国があり、さらに倭種の国々の東南に裸国と黒歯国がある、ということになります。図示しますと図10のようになりますが、これが魏志倭人伝の認識だと言えます。

【検証】「女王国」と「邪馬台国」

《「女王国」二つの解釈》

「邪馬台国」という国の名前は、魏志倭人伝中で一度だけしか用いられていません。すでに見た行程記事に〈南至邪馬台国　女王之所都　水行十日陸行一月〉（投馬国から南へ、水行一〇日・陸行一月で、女王の都がある邪馬台国に至る）と記されるだけです。

一方、「女王国」という国名は五回にわたって使用されています。ここまでで、五回すべてを読んできたことになります。

この「女王国」をどのような国と考えるかによって、魏志倭人伝の語る倭地の世界観が大きく変わってきますが、基本的に二つの解釈があります。

ひとつは、「邪馬台国」とイコールであるとする解釈です。行程記事で女王の都があると記される「邪馬台国」がそのまま「女王国」なのだと見る説です。

もうひとつは、女王を共立する連合体が「女王国」だとする説です。魏志倭人伝は二世紀後半の「倭国乱」を経て、それを収めるために卑弥呼が共立されたという経緯を記しています。この時点で、おそらく三〇国の連合体というものが出来たと思いますが、その女王卑弥呼を戴く三〇国の連合体が「女王国」なのだという解釈です。もちろんこの三〇国には邪馬台国も含まれます。

前者の女王国イコール邪馬台国とする解釈を「狭義の女王国」、そして後者の三〇国の連合体とする解釈を「広義の女王国」として、「女王国」の登場する五ヶ所について見ていきましょう。

《1　伊都国記事の「女王国」》

最初に「女王国」が記されるのは、行程記事中の伊都国記事です。

世有王　皆統属女王国

一般的には「伊都国には代々王がいるが、皆女王国に統属されている」などと訳されます。しかし、第一章で伊都国の王について考察したように、筆者は魏志倭人伝の言う「王」とは複数の国の上に立つ存在であると考えていますので次のような訳になります。

「伊都国には代々王がいたが（過去にいた王の勢力下の国々は）、いまは皆、女王国に属している」

ここを、「狭義の女王国」と仮定すると、どうでしょうか。

女王国＝邪馬台国が、突出した国だということになります。少なくとも伊都国を服属させていたと解釈せざるを得なくなります。邪馬台国がほかの国々を服属させているという構図は、明らかに卑弥呼の共立という事実と矛盾します。

ですから、ここは伊都国が三〇国の連合体である女王国に属しているのだと読まなければなりません。すなわち、「広義の女王国」として用いられていると考えられます。

《2　行程記事のまとめに現れる「女王国」》

次の「女王国」は、帯方郡から邪馬台国までの行程を記した直後に現れています。

自女王国以北　其戸数道里可得略載　其余旁国遠絶　不可得詳

訳は「女王国より北（の国々）については、戸数と道里を記載することができたが、そのほかの旁国（ぼうこく）は遠絶なので詳細はわからない」となります。

「女王国より北」とはどの国でしょう。戸数と道里を記載できたと書かれていますから、経由国として記された狗邪韓国・対馬国・一大国・末盧国・伊都国・奴国・不彌国・投馬国のことだと思われます（ただし、狗邪韓国に戸数は記されていません）。

すると、「広義の女王国」を想定することはできません。この国々を女王国の構成国とすると、「その北」は「狗邪韓国の北」ということになります。朝鮮半島の馬韓（ばかん）・辰韓（しんかん）・弁韓（べんかん）が戸数と道里を記せた国ということになってしまいます。

それゆえ、ここは「狭義の女王国」として用いられているのは明らかです。直前の文章で「邪馬台国は女王の都がある所」と明言していますので、それを受けての表現だと推察できます。「女王の都のある国」という意味で用いられているのだと思います。

《3　帯方郡からの総距離の終点である「女王国」》

三つ目の「女王国」は、倭地の国々の記述に続いて、帯方郡からの総距離を示す一文に登場していました。

自郡至女王国　万二千余里

「（帯方）郡から女王国までは一万二〇〇〇余里である」という文章でした。

二一の旁国と、女王の権威の及ぶ領域の南にあった狗奴国に言及し、そこまでの記述を締める形で、帯方郡から「女王国」までの総距離を記しています。

この「女王国」も、明らかに「狭義の女王国」として用いられています。なぜなら、「広義の女王国」には狗邪韓国も含まれるわけですが、行程記事の冒頭で帯方郡から狗邪韓国までは七〇〇〇余里であると明記しているからです。両者の里数に、一万二〇〇〇余里と七〇〇〇余里という大きな差異が生じてしまいますから、ここは「狭義の女王国」ということになります。

《4　一大率記事の「女王国」》

一大率という官職に関する記事にも「女王国」が出てきました。

自女王国以北　特置一大率検察諸国

「女王国より北には、特に一大率を置き、諸国を監察させている」というものでした。

二つ目の記事で確認した〈自女王国以北〉（女王国より以北）と同じ表現が見られます。

解釈も同様に「狭義の女王国」として読まなければなりません。「広義の女王国」の用法で読むと、一大率が検察した諸国が韓国ということになってしまうからです。一大率は明らかに自国内を検察する機関ですから、「狭義の女王国」の解釈で間違いありません。

《5　周辺国との関係に記される「女王国」》

五つ目の「女王国」が、いま見た周辺国に関連して記されていました。

女王国東渡海千余里　復有国　皆倭種

「女王国から東へ一〇〇〇余里、海を渡るといくつかの国がある。皆倭の系統の人の国である」と訳しました。

この「女王国」は、文脈上、「狭義」でも「広義」でも解釈可能です。「狭義の女王国」として読むと、邪馬台国の東側には海が広がっていたことになります。宇佐説や大分説、宮崎説など九州の東海岸に邪馬台国を設定する人たちにとっては、非常に好都合な解釈となります。

一方、「広義の女王国」として読めば、三〇国の連合体の領域の東側に海があればよいことになります。海を渡る起点が宇佐だった場合でも、必ずしもそこは邪馬台国でなくてもよいというわけです。

そう思って改めて確認しますと、魏志倭人伝の記事は『後漢書』倭伝の記事のように「どこそこより」という起点を示す「自」という文字が使われていません。

自女王国東度海千余里（『**後漢書**』**倭伝**）

（訳）女王国より東へ一〇〇〇余里海を渡ると

魏志倭人伝の〈女王国東渡海千余里〉は「女王国の東のほうで海を一〇〇〇余里渡る

と」というようなニュアンスにも読めそうです。実際に郡使たちが渡海の出発地点まで行っておらず、出発地点の国名を知らなければ、そのような書き方になっても不思議ではないように思えます。

《二つの用法を併用》

五つの「女王国」を見てきました。

1は、ほぼ「広義の女王国」。

2、3、4は、絶対に「狭義の女王国」。

5は、「広義の女王国」「狭義の女王国」のどちらでも解釈できるということになりました。

どちらか一つの使用法しかないと考えれば、絶対的な使用法が見られる「狭義の女王国」が有利と言えます。1の解釈も強引な理由付けで「狭義」であるとしてしまえば、すっきりと「女王国は邪馬台国のことである」という結論になります。

しかし、伊都国記事に見られる「女王国」は、三〇国の連合体と想定しないと文意が通らないように思えます。

そうすると、「広義の女王国」という用法を認めなくてはなりません。魏志倭人伝は邪馬台国までの行程記事に続けて、二一の旁国を列挙した直後に〈此女王境界所尽〉（これが女王の境界の尽きる所である）と記しています。それまでに言及した三〇国が女王の権威の及ぶ範囲であるとわざわざ記しているのです。それが、「広義の女王国」を指すものなのだと思います。

まとめますと、1の伊都国記事が「広義の女王国」を書いている、三〇国の連合体としての女王国を書いているのだということを否定できない以上、魏志倭人伝には「狭義の女王国」と「広義の女王国」という二つの用法が併用されていると考えざるを得ないのです。

すなわち、邪馬台国一国を指す「女王の都のある国」としての「女王国」と、卑弥呼を共立した「女王を戴く連合国」としての「女王国」が、原因は不明ながら併用されているというのが、若干曖昧さは残りますが、結論ということになります。

倭地報告のまとめ

船行一年可至参問倭地　絶在海中洲島之上　或絶或連　周旋可五千余里

（訳）倭の地を訪問する旅は、船を主体に一年ほどの期間を要した。それは、遠く離れた海の中の洲島の上にあり、あるいは海で隔てられたり、あるいは陸続きであった。周旋五〇〇〇余里ばかりである。

先に述べたように、冒頭の〈船行一年可至〉は通常、この前文との繋がりで読まれていて、裸国・黒歯国までの手段と期間であると考えられています。

石原道博編訳『新訂　魏志倭人伝　他三篇』（岩波文庫）でも、〈また裸国・黒歯国あり、またその東南にあり。船行一年にして至るべし〉と訳されています。

しかし、一年間も航海すればほぼ世界中どこへでも行けます。それによって、裸国や黒歯国の場所は遠く海外、南米などという説まで提示されていました。もはや「東夷伝」の記すべき範疇を超えてしまっています。

ここでは中島信文氏が『甦る三国志「魏志倭人伝」』（彩流社）で提示した、この「船行一年可至」はその直後の「参問」にかかるという新説に賛同してそれに準じました。中島氏は「至」という文字に注目し、「至」の用法はすべて「至（動詞）」＋「名詞（目的語）」であるとして次のように述べています。

『船行一年可至参問』の正しい解釈とは、読み下し的には、「船行一年以上（の期間）が参問（倭調査の訪問）に至った。達した。要した。」であり、簡単に意訳すれば、「倭の旅は、ここまで船を主体に一年以上の期間を要した」となる。（『甦る三国志「魏志倭人伝」』）

筆者は〈参問倭地〉をひと括りとしてもよいのではないかと考えますが、いずれにしてもこの新しい解釈によって、裸国・黒歯国の南米説などというトンデモ系の妄想から解放されることになります。

そして、魏志倭人伝はこのあと、倭と魏の交渉史へと入っていきます。交渉の記録は魏の公文書などをもとにまとめられたはずですから、梯儁の報告書が書いていたのはここまでだったと考えられます。

そして、この報告書の最後の一文〈周旋可五千余里〉が魏志倭人伝を読み解くうえで非常に重要なものだったのです。

【新解釈】「周旋」から見えてくるもの

《「周旋」の一般的な解釈の問題点》

魏志倭人伝が原史料とした梯儁の報告書は、倭地の報告を〈(船行一年可至) 参問倭地　絶在海中洲島之上　或絶或連　周旋可五千余里〉と締めくくっていました。

これについては、一般的に次のように訳されています。倭人伝解釈のバイブル的一冊である前出の岩波文庫本から引用します。

倭の地を参問するに、海中州島の上に遠くはなれて存在し、あるいは絶えあるいは連なり、一周五千余里ばかりである。(石原道博編訳『新訂　魏志倭人伝　他三篇』岩波文庫より)

「周旋」はどのように訳されていたでしょうか。

〈一周五千余里ばかりである〉と訳されています。市販の邪馬台国関連書籍でもほとんどがそのように「ぐるっと一周すると五〇〇〇余里である」というように訳されています。

しかし、この訳文には大きな矛盾があるのです。

魏志倭人伝では、倭の地は朝鮮半島南部の狗邪韓国から始まるとされています。そして、対馬海峡に浮かぶ対馬国、一大国を経て九州島の末盧国に至るまでが合計三〇〇〇余里と記されています。

すると、狗邪韓国から末盧国を往復するだけで六〇〇〇余里を要するということになります。倭地を五〇〇〇余里でぐるっと囲むことは不可能なのです。

多くの研究者もそれを理解しているはずですが、意図的に対馬海峡を無視しているように見えます。この五〇〇〇余里で、九州島内の任意の地域を囲んだり、九州から畿内までを大きく囲んだりしています。

そして、これが問題を複雑にしているのですが、これらの説は任意の地域を設定してぐるっと囲んでいます。言い換えれば、一般的に定着している解釈では自分の思い通りの地域を囲めてしまうということなのです。

《「周旋」の用法を確認する》

しかし、そういう「周旋」の読み方は根本的に間違っているのです。「周旋」を閉じた円のイメージで、ぐるっと一周と読んではいけなかったのです。

それを明らかにするために、「周旋」の用法について見ていきましょう。

魏志倭人伝は『三国志』の一部ですから、『三国志』内で「周旋」という言葉がどのように用いられているのかをです。言葉の意味は時代とともに変わりますから、同じ書物内で調べるのが最も正しく判断できるのは言うまでもありません。

「三国志全文検索」というホームページがインターネット上にあります。そこで検索すると、魏志倭人伝以外に二二ヶ所で「周旋」という言葉が用いられていることがわかります。

その箇所を、ちくま学芸文庫の『正史三国志』の訳文と対比させてみましょう。

●『三国志』における「周旋」の用法

1

「魏書　呂布臧洪伝第七」

毎登城勒兵　望主人之旗鼓　感故友之周旋　撫弦搦矢
不覺流涕之　覆面也

（訳文）城に登って兵を指揮するたびに、ご主人の軍旗と陣太鼓を望み見、旧友（陳琳）のあっせんに心動かされ、弦をさすり矢をつかみつつ、涙が思わず顔いっぱいあふれ出る次第です。

2

「魏書　諸夏侯曹伝第九」

後豪傑並起　仁亦陰結少年　得千餘人　周旋淮泗之間

（訳文）後年、豪傑がいっせいに蜂起したとき、曹仁もまたひそかに若者を結集して、千人余りを味方につけ、淮水・泗水のあたりを暴れまわった。

3

「魏書　崔毛徐何邢鮑司馬伝第十二」

于是　周旋青徐兗豫之郊　東下壽春　南望江湖

（訳文）そのため、青州・徐州・兗州・豫州の田園地帯をめぐり歩き、東に向かって寿春まで下り、南方江・湖（江南地方）の方を眺めやったりした。

4

「蜀書　先主伝第二」

中山大商張世平　蘇雙等　貲累千金　販馬　周旋於涿郡
見而異之　乃多與之金財

（訳文）中山の大商人張世平・蘇双らは、千金の資本をもって、馬を買いに涿郡に行き来していたが、先主を見て傑物だと考え、そこで彼に多くの金財をあたえた。

5

「蜀書　關張馬黄趙伝第六」

而稠人廣坐　侍立終日　隨先主周旋　不避艱險

（訳文）しかし、大ぜいの集まっている席では、一日じゅう側に立って守護し、先主につき従って奔走し苦難をいとわなかった。

6

「蜀書　許麋孫簡伊秦伝第八」

後　曹公表竺領嬴郡太守　竺弟芳爲彭城相　皆去官　隨先主周旋

（訳文）のちに曹公が上奏して麋竺を嬴郡太守に、麋竺の弟の麋芳を彭城相につけたが、いずれも官位を去り、先主に従って転々とした。

7

後　隨從周旋

（訳文）後につき従って転々とした。

8

少與先主有舊　隨從周旋

（訳文）若いころから先主と旧知の仲で、つき従って転々とした。

9

「蜀書　劉彭廖李劉魏楊伝第十」

遂隨從周旋　常爲賓客

（訳文）かくて先主に随行して諸地を遍歴したが、つねに賓客として側にあった。

10

「蜀書　霍王向張楊費伝第十一」

丞相諸葛亮北駐漢中　請爲記室　使與子喬　共周旋游處

（訳文）丞相諸葛亮が北征して漢中に駐屯したとき、要請して記室とし、子の諸葛喬とともにあちこちをめぐり歩かせた。

11

者率雍闓　恩信著於南土　使命周旋　遠通孫權

（訳文）その地の豪族雍闓の恩徳・信義は南方の地域に聞こえわたっていたが、彼はあちこち使者を派遣し、遠く呉の孫権とよしみを通じていた。

12

「蜀書　杜周杜許孟來尹李譙郤伝第十二」

自在内職　與宦人黄皓比屋周旋　經三十年

（訳文）宮廷内の官職についてより、宦官の黄皓と屋敷を並べ立ち働くこと三十年にわたった。

13

「呉書　呉主伝第二」

周旋民間　語言飲食與人無異　然不見其形

（訳文）この神は民間をうつり歩き、言葉を発し飲食をすることは、人間と変りがなかったが、姿を見せることはなかった。

14

「呉書　張顧諸葛歩伝第七」

騭　周旋征討　皆平之

（訳文）歩騭は、各地を転戦してそうした勢力を討伐し、のこらず平定した。

15

「呉書　程黄韓蔣周陳董甘淩徐潘丁伝第十」

策薨　與張昭等共輔孫權　遂周旋三郡　平討不服

（訳文）孫策が逝去すると、程普は張昭らとともに孫権をもり立て、三つの郡（会稽・呉・丹楊）の各地をめぐって、服従せぬ者たちを討ち平らげた。

16

蓋隨策及權　擐甲周旋　蹈刃屠城

（訳文）黄蓋は、孫策の配下に入り、さらに孫権の配下に入って、みずから甲冑をつけて各地を転戦し、白刃を犯して城（まち）まちを攻略した。

17

以便弓馬有膂力　幸於孫堅　従征伐周旋

（訳文）弓術や馬術に巧みであり、体力もあるということで、孫堅から目をかけられ、その征伐に従って各地を転戦した。

18

與策周旋　平定三郡　又従定豫章

（訳文）孫策とともに各地を転戦して、三つの郡を平定し、さらに豫章郡の平定にも従軍した。

19

「呉書　朱治朱然呂範朱桓伝第十一」

桓　督領諸将　周旋赴討　應皆平定

（訳文）朱桓は、部将たちを指揮し、各地をへめぐって討伐を行ない、またたく間にすべてを平定した。

20

「呉書　虞陸張駱陸吾朱伝第十二」

然　臣周旋之間　爲國觀聽　深知其狀　故　密陳其理

（訳文）しかし臣（わたくし）が彼と交渉を持ちました間に、国家のためという視点でいろいろと見聞きをし、深くその実情を存じておりますことゆえ、ひそかに申し上げて彼のためにとりなしをいたしたく存じます。

21

「呉書　呉主五子伝第十四」

願陛下　早發優詔　使二宮周旋禮命如初

（訳文）願わくは陛下には、すみやかにお心のこもった詔を下され、お二方の宮さまが旧来どおり立派な人物たちと接触して彼らを腹心に任命することをお許しくださいますように。

22

「呉書　諸葛滕二孫濮陽伝第十九」

丹楊地勢險阻　與呉郡　會稽　新都　鄱陽　四郡鄰接　周旋數千里　山谷萬重

（訳文）丹楊郡は地勢険阻で呉郡・会稽・新都・鄱陽の四郡と隣接しており、その周囲は数千里の距離があって山や谿谷が十重二十重にいりくんでいる。

※原文は『三国志全文検索サイト』より、訳文は『正史三国志』（ちくま学芸文庫）より引用

『三国志』における「周旋」が、「ぐるっと一周する」という意味ではないことがお分かりいただけると思います。

いくつか、「あっせん」とか「交渉する」というような意味の箇所もありますが、ほとんどが、「めぐり歩く」「転々とする」というような意味で用いられています。

すなわち、「周旋」が描き出すイメージは、閉じた円ではなく、曲がりくねった一本の線なのです。

ただ一ヶ所、最後の呉書の第一九、「諸葛滕二孫濮陽伝」の訳文だけが、閉じた円のイメージで〈丹楊郡は地勢険阻で呉、会稽、新都、鄱陽の四郡と隣接しており、その周囲は数千里の距離があって山や谿谷が十重二十重にいりくんでいる〉と訳されています。

この訳文が正しいのかを、当時の地図（図11）で確認します。

この図では丹楊郡と会稽郡は境界を接していませんが、ふたつの郡が境界を接していた時期もあったのだと思います。

この図を見ると明らかですが、丹楊郡は呉郡、会稽郡、新都郡、鄱陽郡の四郡とのみ

図11　丹楊郡と四郡のイメージ図と「周旋数千里」

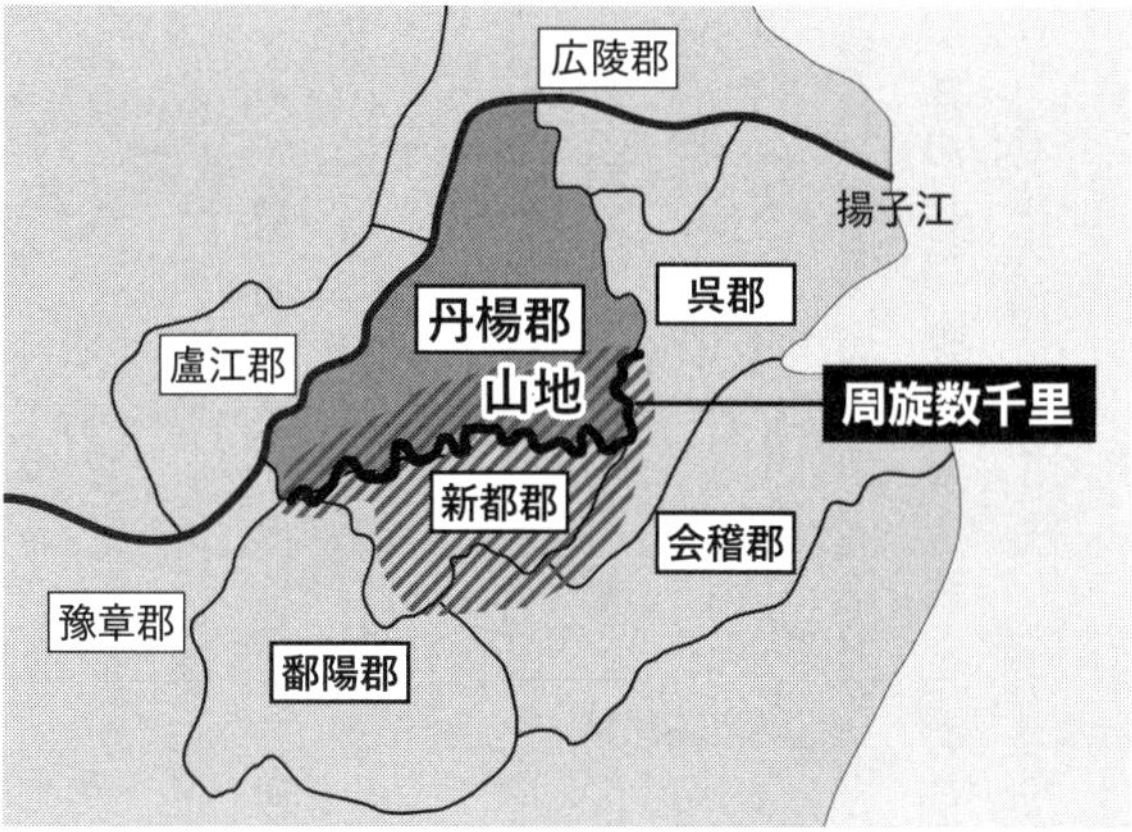

境界を接しているわけではありません。広陵郡や盧江郡、豫章郡とも境界を接しています。

ですから、この呉書の記述の対象は地勢が険阻な山地側に限ったものであり、その山地で丹楊郡が四つの郡と接している様子を表したものなのです。すなわち、「丹楊郡と隣接する四郡との境界は、数千里にわたって山や谷が幾重にも重なっている」と述べたものだと推察できます。

決して、丹楊郡の東西南北すべての境界線におよぶ記述ではありませんから、この数千里が閉じた円になることはありません。

ここも、ほかの記事同様、四郡との境界で

ある入り組んだ山や谷を巡っていく、曲がりくねった一本の線になるのです。

以上のように、『三国志』内で用いられている「周旋」は、一ヶ所も閉じた円の概念＝「ぐるっと一周する」という意味で使用されていません。

つまり、魏志倭人伝の〈周旋可五千余里〉を「一周すると五〇〇〇余里ばかり」と解釈するのは、誤りである可能性が非常に高いと言えるのです。

《「周旋」の正しい解釈で整合する魏志倭人伝の記述》

では、「周旋」を一本の曲がりくねった線のイメージで正しく解釈すると何が起きるでしょうか。

まず、訳文はこのようになります。

倭地絶在　海中洲島之上　或絶或連　周旋可五千余里

（訳）倭の地は、遠く離れた海の中の洲島の上にあり、あるいは海で隔てられたり、あるいは陸続きであった。巡り歩いた距離は五〇〇〇余里ばかりである。

邪馬台国まで到着した郡使たちが倭の地を歩いた（あるいは進んだ）距離が五〇〇〇余里であったと述べているのです。

倭の地は狗邪韓国から始まっていましたから、狗邪韓国から邪馬台国までの道のりの里数が五〇〇〇余里だということになります。

そうすると、魏志倭人伝内の記述も整合してきます。

先に読んだ行程記事のまとめに、〈自郡至女王国万二千余里〉（帯方郡から女王国〔ここでは邪馬台国を指す〕に至る道のりは一万二〇〇〇余里である）という一文がありました。

そして、もうひとつ行程記事冒頭の帯方郡から狗邪韓国までの記事は、〈従郡至倭循海岸水行　歴韓国乍南乍東　到其北岸狗邪韓国七千余里（帯方郡から倭に至るには、海岸にそって水行し、南進・東行しながら韓国を経ていく。七〇〇〇余里で倭の北岸である狗邪韓国に到達する）〉でした。

帯方郡から狗邪韓国まで七〇〇〇余里であると書かれています。これに、狗邪韓国から邪馬台国まで「周旋」した五〇〇〇余里を加えますと、一万二〇〇〇余里となります。

行程記事のまとめの一文の一万二〇〇〇余里とぴったりと整合するということになるのです。

この〈周旋可五千余里〉を狗邪韓国から邪馬台国までの行程だとする説は、まったく新しい説ではありません。従来から多くの論文でも言及されていました。それにもかかわらず、「一周すると五〇〇〇余里ばかり」という解釈が定着している現状には不信感を覚えずにはいられません。

『三国志』内の用法にそのようなものがない以上、今後は「巡り歩いた距離が五〇〇〇余里ばかり」という解釈が定説となっていくことを願います。

《「周旋」の解釈が明らかにする真実》

さて、ここからが重要なのですが、「周旋」を巡り歩くと解釈すると、従来の解釈論でいろいろと策を弄して設定していた一周五〇〇〇余里の地域というものを探さなくてよくなるのです。

逆に言えば、任意の地域に邪馬台国を設定できなくなるのです。多くの研究者が行っ

図12　「周旋可五千余里」の範囲

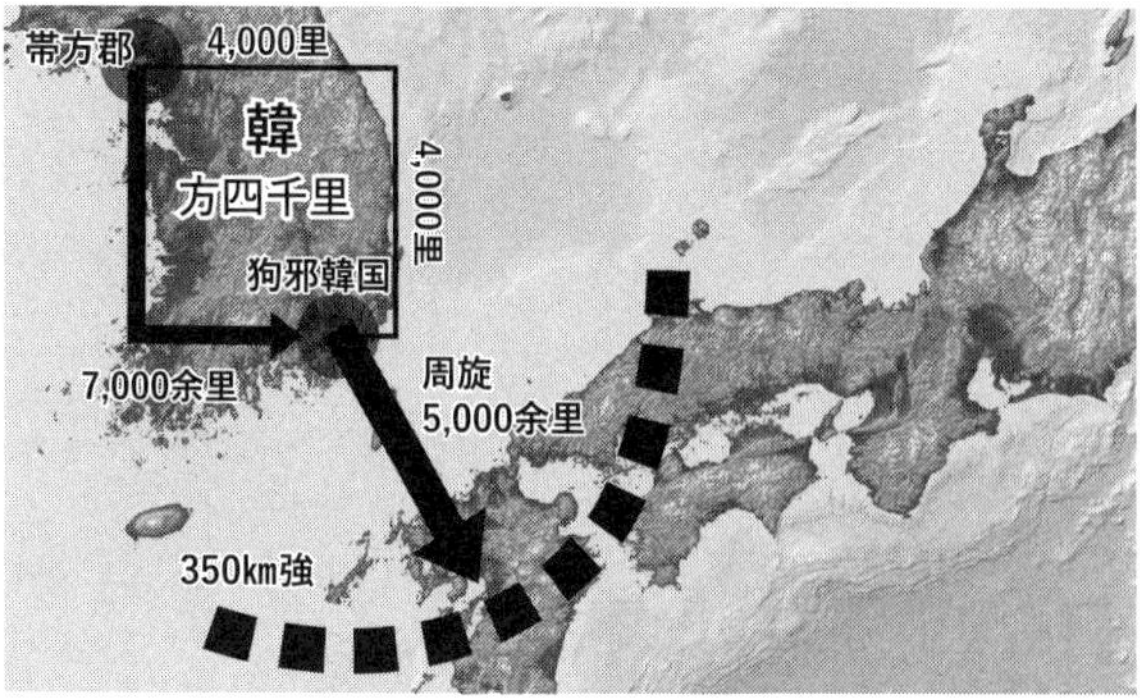

※地理院地図（電子国土Web）をもとに作成

ているような思い通りの場所に邪馬台国を持ってこられなくなるのです。

そして、この周旋の解釈によって導かれる最も衝撃的な結論というのが、「邪馬台国畿内説は文献解釈上成立しない」ということです。

どういうことか説明しましょう。

帯方郡から邪馬台国までは一万二〇〇〇余里です。

このうち、帯方郡から狗邪韓国までは七〇〇〇余里、狗邪韓国から邪馬台国までは「周旋」五〇〇〇余里です。

そして、魏志倭人伝で用いられている一里は、第一章での検証によれば約七〇メートルでした。

すると、「周旋」五〇〇〇余里はどれくらいの距離になるでしょうか。

狗邪韓国から先の一里だけはいわゆる長里で記されているなどということは想定できません。狗邪韓国から対馬海峡を渡る里数も一里約七〇メートルの尺度になっているのは間違いありませんし、そんなでたらめな想定を認めると論理的な文献解釈は不可能になってしまいます。

七〇〇〇余里と五〇〇〇余里が同じ尺度によるものだという前提に立てば、帯方郡から狗邪韓国までの距離の七分の五の距離を狗邪韓国から進んだ所に邪馬台国があるということになります。

具体的に一里七〇メートルで換算しますと、五〇〇〇余里は三五〇キロメートル強ということになります。

そして、この三五〇キロメートルの始点は朝鮮半島南部の狗邪韓国です。現在の金海(キメ)市付近にあったとされています。

その範囲を図示しますと、図12のようになります。

邪馬台国は図12の点線の範囲内にあるということになります。

これが、魏志倭人伝が語っている邪馬台国の場所ということになるのです。畿内までは遠く及ばないのは明らかです。畿内までは、北部九州を経由しない直線距離でも六〇〇キロメートル以上離れています。

そういう場所に邪馬台国を想定することは不可能ですし、それは文献解釈を無視した行為であると言えます。

見てきたように、「周旋」は非常に重要な言葉です。それを正しく解釈すると、従来のように任意の地域に邪馬台国を設定することができなくなるだけでなく、邪馬台国の位置をある程度絞り込むことができるのです。

第五章

魏との交渉史記事を読む

【検　証】「壹与（いよ）」か「臺与（とよ）」か？
【新解釈】狗奴国は邪馬台国のライバルだったのか？
【検　証】景初二年・景初三年問題
【新　説】紀年銘鏡の製造経緯から考える景初二年説

第五章では、卑弥呼の女王国と魏との交渉の歴史について見ていきます。

西暦で言いますと、二三八年から二五〇年ごろの話です。

魏という国は二二〇年から二六五年まで存在しました。

『三国志』の英雄のひとりである曹操は二二〇年についに皇帝になることなく「魏王」という立場で亡くなりますが、それを継いだ子の曹丕が二二〇年のうちに後漢最後の皇帝となった献帝から禅譲を受けて魏の初代皇帝となります。

その曹丕（魏の文帝）は二二六年に崩御し、長男の曹叡があとを継ぎます。曹叡は魏の明帝のことです。

この曹叡は二三九年に崩御し、養子の曹芳が八歳で皇帝となります。

それが少帝ですが、少帝は幼かったため、曹爽と司馬懿が補佐役となります。

当然、この二人に権力が集中しますが、二人の間に対立が起ります。当初は曹爽が司馬懿を抑えこみますが、司馬懿がクーデターを起こして曹爽の勢力を一掃してしまい、実質的に権力を掌握します。そして、こののち皇帝は傀儡と化していきます。

この司馬懿のクーデターは二四九年のことですから、魏志倭人伝の記す女王国と魏の交渉史は、第二代皇帝明帝の崩御、第三代皇帝少帝の即位から司馬懿のクーデターの辺りまでの出来事ということになります。

ちなみに、その後、司馬懿は二五一年に亡くなりますが、その子の司馬師、司馬昭と権力を引き継いでいき、二六五年、司馬昭死去のあとを継いだ司馬炎がそのときの皇帝曹奐に禅譲を強要し、ここに魏は滅びて、司馬炎が西晋を建国することになります。

卑弥呼の最初の朝貢

景初二年六月　倭女王遣大夫難升米等　詣郡求詣天子朝献　太守劉夏遣吏将送詣京都

（訳）景初二（二三八）年六月、倭の女王（卑弥呼）は大夫の難升米らを派遣し、帯方郡に至らせ、天子に拝謁して朝献することを求めた。帯方太守の劉夏は官吏を遣わし、難升米らを率いて京都（魏の都＝洛陽）に送り届けた。

これが、卑弥呼の最初の遣使ということになります。

景初二（二三八）年八月に公孫淵が司馬懿に討たれ、遼東地域を実質的に支配していた公孫氏が滅亡します。公孫氏健在の間は、倭と魏の直接の交渉は途絶えていたと考えられています。ですから、卑弥呼は公孫氏滅亡とほぼ同時に難升米らを派遣したということになります。

この遣使朝貢年については、魏志倭人伝は景初二年だと記していますが、その翌年の景初三（二三九）年だとする説があり、そちらのほうが有力説となっています。

邪馬台国論における景初二年・三年問題と言われるものです。この問題は、魏志倭人伝全体の記述や当時の朝鮮半島情勢に加えて、魏の皇帝の崩御などについても考慮する必要がありますので、魏志倭人伝を読み終えてから検討します。

卑弥呼に下された詔書の内容

其年十二月　詔書報倭女王曰　制詔親魏倭王卑弥呼　帯方太守劉夏　遣使送汝大夫難升米次使都市牛利　奉汝所献男生口四人女生口六人　班布二匹二丈　以到　汝所在踰遠乃遣使貢献　是汝之忠孝　我甚哀汝　今以汝為親魏倭王　仮金印紫綬　装封付帯方太守仮授汝　其綏撫種人　勉為孝順　汝来使難升米牛利渉遠　道路勤労　今以難升米為率善

中郎将　牛利為率善校尉　仮銀印青綬　引見労賜遣還　今以絳地交龍錦五匹［臣松之以為　地應為綈　漢文帝著皁衣　謂之弋綈是也　此字不體　非魏朝之失　則伝写者誤也］絳地縐粟罽十張　蒨絳五十匹　紺青五十匹　答汝所献貢直　又特賜汝紺地句文錦三匹細班華罽五張　白絹五十匹　金八両　五尺刀二口　銅鏡百枚　真珠鉛丹各五十斤　皆装封付難升米牛利　還到録受　悉可以示汝国中人　使知国家哀汝　故鄭重賜汝好物也

（訳）その年の一二月、皇帝は倭の女王に報いる詔書を下した。「親魏倭王卑弥呼に制詔す。帯方太守の劉夏が使者を派遣し、汝の大夫である難升米と次使の都市牛利を送り届け、汝が献上した男の生口四人、女の生口六人、班布二匹二丈をささげて到着した。汝がいる所ははるか遠くであるにもかかわらず、使者を遣わして貢献した。これは汝の忠孝であり、我は大いに汝をいつくしむ。いま汝を親魏倭王となし、金印紫綬を与える。帯方太守に託して汝に仮授するものとする。種族の人々を安らかに治め、一層孝順に勉めよ。汝の使者である難升米と牛利は遠い道のりを労をいとわずにやってきた。そこでいま難升米を率善中郎将となし、牛利を率善校尉となし、銀印青綬を与え、引見して労い下賜品を与えて送り返す。またいま絳地交龍錦五匹（裴松之注）わたくし松之が考えるに、「地」の字は「綈」につくるべきである。漢の文帝が身につけた皁衣が弋綈と呼ばれたが、この「綈」である。絳地では意味をなさないが、魏王朝の詔が間違えたのか、もしくは後世に書写した人の誤りであろう）、絳地縐粟罽一〇張、蒨絳五〇匹、紺青五〇匹をもって汝の朝貢の重さに答える。またとくに汝に、紺地句文錦三匹、細班華罽五張、白絹五〇匹、金八両、五尺刀二口、銅鏡一〇〇枚、真珠と鉛丹各五〇斤を賜与し、それを皆包装し封印して難升米と牛利に託す。帰り着いたら、目録と照らしてすべてを受け取り、国中の人々に見せて国家（魏および皇帝）が汝をいつくしんでいることを知らしめよ。そのために丁重に汝の好む品々を賜与するのである」

魏志倭人伝は、卑弥呼の最初の遣使朝貢に対して皇帝が下した詔書の詳細な内容を載せています。

場所は魏の都洛陽ですから、六月に帯方郡に着いた難升米たちを太守劉夏の命を受けた官吏たちが何ヶ月かかけて洛陽に送り届け、難升米たちが卑弥呼から預かった品々を献上して、それに応える皇帝の詔書が一二月に下されたという時系列になります。

詔書を下した皇帝は誰かというのは、景初二年・三年問題とも関連してきます。魏の第二代皇帝の明帝は景初三（二三九）年の正月に崩御しますので、景初二年なら明帝であり、景初三年なら第三代皇帝の少帝ということになります。

詔書は、卑弥呼へのねぎらいの言葉とともに、卑弥呼を「親魏倭王」とし、難升米を「率善中郎将」、牛利を「率善校尉」とする旨から始まっています。中郎将は皇帝や宮殿を守る兵士たちを指揮する長官のことであり、校尉はその部下です。

そして、卑弥呼には金印紫綬が、難升米と都市牛利には銀印青綬が与えられます。金印紫綬は金製の印で鈕（つまみの部分）に紫色を基調とした組紐が付いたもの、銀印青綬は銀製の印で鈕に青色を基調とした組紐が付いたものです。

魏から称号を与えられたこの時点で、卑弥呼の女王国は正式に魏の冊封体制の下に入ったということになります。

卑弥呼が最初の朝貢で献上したのは、男女の生口一〇人と班布二匹二丈のみです。班布は様々な色で文様を染めた布のことです。おそらく反物状になっていたと思われます。一匹は四丈ですから二匹二丈は一〇丈です。一丈は一〇尺ですから、一〇〇尺となります。三国時代の一尺はだいたい二四センチメートルですから、一〇〇尺は約二四メートルということになります。反物の幅は不明ですが、現在は三六センチメートルが標準となっているようです。

それに対して、皇帝からは大量の品々が下賜されています。

まず多彩な織物が列記されます。

最初は〈絳地交龍錦〉ですが、ここに裴松之の注釈が付いています。裴松之の論評になりますが、〈地〉という漢字は〈綈（厚い絹織物、つむぎの意）〉の誤りであろうと述べています。すると、絳綈（こうてい）交龍錦となります。絳は濃い赤色ですから、濃い赤地に金・銀・色とりどりの糸で龍の模様を織り出した厚手の絹織物という意味になります。

続く〈絳地縐粟（あわ）罽〉は表面が縮み粟立った濃い赤地の毛織物、〈蒨絳（せんこう）〉は茜色に染めた絹織物、〈紺青〉は濃い青色の布、〈紺地句文錦（こんちくもんきん）〉は紺地に金・銀・色とりどりの糸で句文（文様は不明）を施した絹織物、〈細班華罽（さいはんかけい）〉は細かく斑（まだら）に花を描いた毛織物、〈白絹〉は染めていない絹織物のことです。

織物以外にも〈金〉〈五尺刀〉〈銅鏡〉〈真珠〉〈鉛丹〉と様々な品が続きます。

このうち、〈真珠〉については、海の真珠とする説と、そうではなく〈真朱〉のことだとして赤色顔料の水銀朱だとする説があります。〈鉛丹〉も赤色顔料のことです。

ここに邪馬台国論においてよく言及される物品が二つ登場しています。

ひとつは〈五尺刀〉です。

奈良県天理市の東大寺山古墳から「中平」という文字の彫られた鉄製の刀が出土しています。長さは一一〇センチメートルですからほぼ五尺といえる長さで、中平は後漢の年号で一八四年から一八九年に当たります。二三八年あるいは二三九年の約五〇年前になりますが、この刀が卑弥呼がもらった刀ではないかという説があります。

もうひとつは一〇〇枚下賜されたと記される〈銅鏡〉です。

よく耳にされると思いますが、畿内を中心に全国の古墳から出土している三角縁神獣鏡が卑弥呼のもらった鏡であるという説があります。しかし、三角縁神獣鏡はすでに全国から四〇〇枚以上出土しています。未出土の鏡が何倍もあると仮定すると数千枚造られたことになります。ですから、ここで卑弥呼に下賜された銅鏡一〇〇枚ではあり得ないという反論や、三角縁神獣鏡は中国では出土していないので中国産ではなく日本国内で作られたものだという反論があります。

このように、卑弥呼の献上品と比べて、下賜品は非常に豪華で大量です。なぜこれほど厚遇されたのかは謎ですが、魏にとって卑弥呼の女王国が未知の国だったことが一つの要因ではないかと考えられます。先に見た公孫氏の影響により、この時点で魏には倭の女王国がどれほどの国力を備えた国なのかという情報がなかったのだと思います。その国が、敵国である呉（ご）と手を結ぶことには大いなる脅威を感じていたはずです。

卑弥呼が初めて朝貢してきたこの機会を逃さず、確実に魏の配下としてしまいたいという意向が、この豪華な下賜品に表れているように思います。

正始元年の梯儁（ていしゅん）の来倭

正始元年　太守弓遵遣建中校尉梯儁等　奉詔書印綬詣倭国　拝仮倭王　并齎詔　賜金帛
錦罽刀鏡采物　倭王因使上表　答謝詔恩

（訳）正始元（二四〇）年、帯方太守の弓遵は建中校尉の梯儁らを派遣し、詔書と印綬を奉じて倭国に至らせた。梯儁らは倭王（卑弥呼）に謁見し、あわせて詔をもたらし、金、帛、錦、罽、刀、鏡、采物を賜与した。倭王は上表文を梯儁らに託し、皇帝からもたらされた恵みに答謝した。

卑弥呼の遣使に応える形で、二四〇年に帯方郡使の梯儁たちが女王国にやってきます。このときの梯儁の復命報告書が『三国志』魏志倭人伝の原史料となった可能性の高いものです。

一行は、前段の詔書内容にある皇帝からの金印紫綬と詔書、さらなる下賜品を携えてやってきました。〈帛〉は絹のこと、〈采物〉は色とりどりの品々という意味です。

ここでは、梯儁たちが卑弥呼に謁見して携えてきた品々を渡し、卑弥呼が感謝の上表文を返したと明記されています。

この一文を素直に読めば、梯儁が卑弥呼に会ったのは明らかですし、第四章で読んだ卑弥呼の居処や生活ぶりの描写を考え合わせれば、邪馬台国まで足を運んだのも明らかだと断じてよいと思います。

正始四年の卑弥呼の遣使朝貢

其四年　倭王復遣使　大夫伊声耆掖邪狗等八人　上献生口　倭錦絳青縑緜衣帛布　丹木𤝔短弓矢　掖邪狗等壹拝率善中郎将印綬

（訳）正始四（二四三）年、また倭王が使者として大夫の伊声耆・掖邪狗ら八人を遣わした。生口、倭錦、絳青縑、緜衣、帛布、赤い木の𤝔の短弓と矢を献上した。掖邪狗らは率善中郎将の称号と印綬を拝受した。

梯儁の来倭から三年後に卑弥呼は二度目の遣使朝貢をします。今回は難升米ではなく、伊声耆、掖邪狗という新たな人物が登場します。

人数や数量は記されませんが、前回の朝貢同様、生口と織物を献上します。〈倭錦〉は和風で厚手の絹織物、〈絳青縑〉は濃い赤色と青色で織った薄い絹の布、〈緜衣〉は綿の服、〈帛布〉は絹の布です。今回はそれに加えて、短弓と矢も献上しています。

そして、掖邪狗らに率善中郎将の称号と印綬が授けられますが、そこに伊声者の名前はありません。単に省略されただけなのか、あるいは何かの原因で伊声者には授けられなかったのかは不明です。

〈伊声者掖邪狗〉で一人の名前だったということも考えられるかもしれません。〈伊声者の掖邪狗〉というように〈伊声者〉が役職名か何かだったというようにです。最初の朝貢記事に登場した〈都市牛利〉も二度目に名前が記される時には〈牛利〉となっていますから、そういう可能性も考えられそうです。

正始六年の黄幢（こうどう）仮綬

其六年　詔賜倭難升米黄幢　付郡仮授

（訳）正始六（二四五）年、詔して倭の難升米に黄幢を賜与し、帯方郡に託して仮授させた。

その目的は記されていませんが、難升米に黄幢を与えることが決定します。黄幢は、一般的に黄色い軍旗だったと考えられています。なぜ黄色なのかと言うと、陰陽五行説に基づくと魏王朝の色が黄色だからという見解が有力です。黄幢がどのような形状をしていたのかについては結論が出ていないようです。

ただ、黄幢が戦場において魏の権威を示すものだったのは確かでしょう。魏が女王国の後ろ盾なのだということを表すものであったということです。

正始八年の卑弥呼の遣使

其八年　太守王頎到官　倭女王卑弥呼与狗奴国男王卑弥弓呼素不和　遣倭載斯烏越等詣郡　説相攻撃状　遣塞曹掾史張政等　因齎詔書黄幢　拝仮難升米　為檄告喩之

（訳）その八年（正始八年：二四七年）、帯方太守の王頎が着任した。倭の女王卑弥呼は、狗奴国の男王である卑弥弓呼と以前から不和であったが、倭の載斯・烏越らを派遣して帯方郡に至らせて、狗奴国と互いに攻撃しあっている状況を説明させた。王頎は、塞曹掾史の張政らを派遣し、持たせた詔書・黄幢を難升米に与え、檄文を作って、それを告喩した。

　またまた新しい帯方太守が登場します。卑弥呼の最初の遣使朝貢時は劉夏でしたが、正始元年に梯儁たちを倭に送ったのは弓遵でした。そして、この正始八年には王頎が着任します。

　じつは前任の弓遵は、この前年、正始七年までに亡くなっています。「韓伝」によれば、韓国が反乱を起こして、その鎮圧に当たった弓遵は戦死したと書かれています。それで、この年に王頎が着任したというわけです。

　そこで、卑弥呼はその王頎への挨拶と祝賀のために使いを送ったのだと推察します。使者となった載斯と烏越は、そのときに狗奴国との戦闘状況を報告したのでしょう。

　ここに狗奴国の男王の名前が記されています。卑弥弓呼という名前です。卑弥呼と酷似の名前ですから、本来同族であったとか肉親であったという説もありますが、その先を考察する資料はありません。

　さて、卑弥呼の使いに対して、張政という役人たちが倭国に遣わされます。彼らは二年前の正始六年に難升米に仮授されていた黄幢を持参して、難升米に手渡します。

この段落の最後に記される〈為檄告喩之〉は、解釈の難しい一文です。

〈檄〉というのは、自身の正しさを主張して人々を召集するような文書のことです。

そして、〈告喩〉は「告げ諭す」「言い聞かせる」という意味ですが、簡潔すぎて、誰が、誰に、何を、〈告喩〉したのかがわかりにくい文章となっています。

様々に解釈できると思いますが、筆者は文脈から次のように解釈しておきます。

「張政は、（黄幢とともに渡された詔書に記された皇帝の命令に従って）女王国一丸となって戦うようにという檄文を作り、その檄文を難升米以下の将軍や諸国に対して告げ諭した」

卑弥呼の死と卑弥呼の墓

卑弥呼以死　大作冢　径百余歩　徇葬者奴碑百余人

（訳）卑弥呼が亡くなった。人々は大いに冢を造った。直径は一〇〇余歩、殉葬された奴婢は一〇〇余人であった。

突如、卑弥呼の死が記されます。

この〈卑弥呼以死〉（卑弥呼以て死す）については、狗奴国との戦闘状況が芳しくない責任をとって死んだ、あるいは殺されたという説や、二四七年と二四八年に日食が続いたので、卑弥呼の霊力がなくなったとして殺されたという説など、面白い説が提示されています。しかし、それを決定づけるような記述は一切ありませんから、すべてが想像の域を出ることはありません。

卑弥呼は二四〇年に梯儁が面会した時点で、すでにかなりの年齢に達していたと記されています。そうであれば寿命が尽きた可能性も高いはずです。

筆者は、とくに〈以死〉（以て死す）に特別な意味合いを持たせる必要はなく、「卑弥呼が死んだ」あるいは「卑弥呼はすでに死んでいた」というような読み方でよいのではないかと考えます。

さて、このとき築造された卑弥呼の墓が見つかれば、邪馬台国論争は決着に近づくことも考えられますが、それはまだ発見されていません。

そして、この墓の大きさ、〈径百余歩〉、普通に読めば直径一〇〇余歩ですが、これが邪馬台国論争において注目される用語のひとつになっています。

邪馬台国畿内説のなかには、奈良県桜井市の箸墓(はしはか)古墳が卑弥呼の墓ではないかと考える人も多く、その根拠とされています。

邪馬台国の時代、魏の尺度では、一歩（いっぽ／いちぶ）は六尺とされていて、一尺は二四センチメートルほどでした。換算すると一歩は一四四センチメートルとなります。この一歩は長すぎるように見えますが、古代中国の一歩は右・左と歩いた距離、つまり現在の二歩が一歩とされていました。

一歩一四四センチメートルとしますと一〇〇歩は一四四メートルとなります。箸墓古墳の後円部の直径が約一五〇メートルですから、ちょうど〈百余歩〉と一致するというわけです。

この説に関しては、そもそも箸墓古墳の築造時期が三世紀半ばかどうかにも疑問はありますし、箸墓古墳は全長二八〇メートルの前方後円墳ですから、その後円部だけを切り取って比較してよいのかなどの反論が呈せられていますが、かなり広く受け入れられています。

筆者は、卑弥呼の墓はもっと小さかったのではないかと考えています。魏の時代の一里は三〇〇歩とされていました。そして、魏志倭人伝内で用いられている尺度は、先に検証したように魏の一里約四三五メートルではなく一里約七〇メートルほどでした。そこから逆算しますと七〇メートル割る三〇〇で、一歩は二三・三センチメートルとなります。一〇〇歩にしますと約二三メートルです。

ですから、〈百余歩〉の卑弥呼の墓は二五メートル程度の円墳、墳丘墓と考えるほうが現実的ではないかと考えます。卑弥呼の墓自体が比較的短期間で造られたようにも読めますから、なおさらそのように思います。

卑弥呼死後の混乱と壹与の共立

更立男王国中不服　更相誅殺当時殺千余人　復立卑弥呼宗女壹与年十三為王　国中遂定政等以檄告喩壹与

（訳）新しく男王が立ったが国中が従わず、互いに殺しあい、このとき一〇〇〇余人が犠牲となった。そこでまた、卑弥呼の宗女（そうじょ）である一三歳の壹与（いよ）を立てて王とした。

国中はついに鎮まり治まった。張政らは檄文によって壹与が王であることを告喩した。

卑弥呼が死んで男子が王になります。しかし、各国はまとまらずに女王国内が卑弥呼共立前の「倭国乱」のような状態に戻ったことが記されます。

そこでまた改めて卑弥呼のときと同じように、一三歳の壹与という少女を王として共立することで戦乱が収まったとされています。

ここにも、〈告喩〉が用いられています。ここも、誰に、何を、〈告喩〉したのか判断の難しいところですが、「張政らが、『壹与を正式な王とするので、壹与の下にまとまるように』という檄を、女王国諸国に（使者も送りながら）告げ知らせた」と解釈しておきます。

張政の帰還と壹与の朝貢

壹与遣倭大夫率善中郎将掖邪狗等二十人　送政等還　因詣臺　献上男女生口三十人　貢白珠五千孔　青大句珠二枚　異文雑錦二十匹

（訳）壹与は倭の大夫である率善中郎将の掖邪狗ら二〇人を派遣して、張政らの帰還を送らせた。そして、臺(たい)に詣でて男女の生口三〇人、白珠(はくしゅ)五〇〇〇孔(こう)、青大句珠(せいだいくしゅ)二枚、異文雑錦(いもんざっきん)二〇匹を献上した。

これが、魏志倭人伝最後の記事ということになります。

ここで、新女王の壹与が張政らの帰国を掖邪狗らに送らせたと記されています。張政らは帯方郡の役人ですから、帰国先は帯方郡となりますが、掖邪狗らはそこから足を延ばして魏の都に行って朝貢しています。

〈臺〉は中央の役所のことです。〈白珠〉は白くて美しい珠という意味ですが、〈孔〉と数えていますから、それに穴を開けたものです。〈青大句珠〉は翡翠(ひすい)で作った大きな勾玉(まがたま)、〈異文雑錦〉は和風の文様のさまざまな錦のことです。

以上で、魏志倭人伝の全文をひと通り読み終えたことになります。

【検証】「壹与」か「臺与」か?

魏志倭人伝の記事を信じれば、二四七年あるいは二四八年に女王卑弥呼が没します。それを受けて男子の王が立ちますが国内は内乱の様相を呈し、一〇〇〇人が戦死します。そこで、内乱を収束させるために、わずか一三歳の少女が女王として共立されます。

これは魏志倭人伝に記されている物語です。では、この女王になった少女を、皆さんはどのように呼ばれているでしょうか。「トヨ」ですか。それとも「イヨ」ですか。

もちろん、それ以外の読み方をされる方もいらっしゃいます。しかし、筆者の経験では七対三ないし八対二ぐらいの割合で「トヨ」と読んでいる人が多いように思います。それについて考えてみましょう。

《「臺(たい)」か「壹(いち)」かと言えば》

「臺」と「壹」と言えば、邪馬臺国か邪馬壹国かという論争が非常に有名です。

二八〇年代に成立した魏志倭人伝は邪馬〈壹〉国と書いていますが、四三〇年代に成立した『後漢書』、六二九年に成立した『梁書』、六三六年に成立した『隋書』、六五九年に成立した『北史』、そして六六〇年ごろに完成した類書である『翰苑』はすべて邪馬〈臺〉国と書いています。

『邪馬台国はなかった』（ミネルヴァ書房）で有名な古田武彦氏は、あくまでも『三国志』魏志倭人伝の原文を尊重し、本来書かれていた邪馬〈壹〉国が、『後漢書』以降、邪馬〈臺〉国として定着してしまったのだ、すなわち邪馬〈臺〉国という国はなかったのだと説いて一世を風靡しました。

しかし、その説には多くの反論もあり、現在では写本の時代を経て、一二世紀の紹興本、紹熙本といった版本への移行期に、〈臺〉が〈壹〉に誤刻、誤って彫られたのだとする説が有力となっています。

たしかに、長い写本時代に『三国志』が邪馬〈壹〉国として写本を重ねていたのであれば、『後漢書』が誤って邪馬〈臺〉国と書いたとしても、その後の書物において誤りを正す何らかの揺り戻しがあっておかしくありません。それが見られないということは、やはり『三国志』も邪馬〈臺〉国と書いていた可能性が高いのだろうと推察できます。

《壹与はなぜ臺与になったのか？》

現在私たちが目にする『三国志』魏志倭人伝では、邪馬壹国の「壹」と同じ文字を用いて、一三歳で卑弥呼を継いで女王になった少女の名前が記されています。

すなわち、「いよ、いちよ」と記されているわけですが、「卑弥呼を継いだ一三歳の少女の名前は？」と聞くと、「とよ、たいよ」と答える人が圧倒的に多いのです。なぜなのでしょうか。

それはおそらく邪馬臺国・邪馬壹国論争において、邪馬臺国が正しいという流れが出来たときに、壹与についても臺与が誤刻されたものとする考え方が定着したのだと思います。

壹与は、『後漢書』や『隋書』には登場しませんが、『梁書』と『北史』には言及されていて、どちらも臺与と表記されています。それもこの説を後押ししたのでしょう。

では、本当に臺与で間違いないのでしょうか。壹与の登場シーンを見てみます。

復立卑弥呼宗女壹与年十三為王国中遂定　政等以檄告喩壹与　壹与遣倭大夫率善中郎将掖邪狗等二十人　送政等還（訳は略）

この短い文章のなかに、壹与という名前が三回も出てきています。

《魏志倭人伝最後の一文から見えるもの》

さて、壹与が三回も繰り返された記事に続くのが、先ほど読んだ魏志倭人伝最後の一文です。〈因詣臺　献上男女生口三十人　貢白珠五千孔　青大句珠二枚　異文雑錦二十匹〉という、壹与の朝貢に関するものでした。

ここに注目すべき文字が現れます。〈臺（たい、だい）〉という中央の役所を意味する文字です。

壹与の使いの掖邪狗らが〈臺〉に詣でて生口や特産物を献上したと記されています。

この〈臺〉については、「壹」に詣でた、とすると意味が通じませんから、明らかに

「壹」ではなくて「臺」が正解です。

つまり、版本となったあとでも、魏志倭人伝内に「臺」と「壹」が混在しているのです。それも非常に近接した位置に併存しています。

それは、少なくとも印刷のための版を作る人が「臺」という文字を正しく認識していたということを表しています。

そのうえで、「臺」から「壹」への誤刻を想定すると、一ヶ所にしか現れない邪馬「臺」国を邪馬「壹」国と誤刻することはあっても、三度も続けて現れる「臺」与を「壹」与と誤刻することは考えられません。

「臺」という文字を知らない人が版を作ったとか、「臺」与という人名を意図的に「壹」与に書き換えたというのなら理解できますが、三ヶ所も文字を見誤る可能性は極めて低いのではないかと思います。

ですから、魏志倭人伝の「壹」与は、『三国志』成立当初から「壹」与だったと推定してよいのではないかと考えます。

すなわち、女王国の都があったのは「邪馬臺国」、卑弥呼を継いで女王になったのは

「壹与」ということになります。

このように書き分けられた書物を探すと、国立国会図書館デジタルコレクションに収められた『太平御覧（たいへいぎょらん）』の一冊が見つかります。『太平御覧』は北宋（ほくそう）（九六〇～一一二七年）初期の九八三年に成立したとされる類書（一種の百科全書）です。

その『太平御覧』（「嘉慶（かけい）十二年歙鮑（きょうほう）氏校宋板刻十七年成」）は、一九世紀初頭に刊行されたものですから、どのような経緯でそういう記載になったのかはわかりません。

しかし、そこには〈後漢書曰〉として〈邪馬臺國〉が記され、〈魏志曰〉として〈耶馬臺國〉と〈壹與〉という文字が印刷されています。

【新解釈】狗奴国は邪馬台国のライバルだったのか？

《狗奴国記事を再確認する》

「狗奴国」と言えば、邪馬台国のライバルという言葉がまず頭に浮かびます。邪馬台国関連の講演会では、「狗奴国は邪馬台国と互角に戦っていた強い国だ」という話は当然のように耳にしますし、「狗奴国は邪馬台国との戦いに勝利したのだ」という仮説を聞くこともあります。その所在地は、九州説であれば熊本、畿内説であれば東海地方とされるのが最も一般的です。

皆さんの頭のなかにも、狗奴国は邪馬台国に対抗するだけの国力を持った強大な国であるというイメージが刷り込まれていると思います。それは、邪馬台国に関する先学の書籍や論文がすべてそういう論調だったからでしょう。

しかし、狗奴国を改めて見つめなおすと、別の姿が見えてくるのです。

ここでは、「狗奴国は本当に強い国だったのか？」ということについて考えてみます。

まず、魏志倭人伝が、狗奴国をどのように描写しているかを見てみます。魏志倭人伝に「狗奴国」が登場したのは、次の二ヶ所でした。

（一）**其南有狗奴国　男子為王　其官有狗古智卑狗　不属女王**

（訳）女王の権威の及ぶ領域の南には狗奴国があり、男子を王としている。狗古智卑狗（くこちひく）という官がいる。狗奴国は女王（国）に属していない。

（二）**其八年　太守王頎到官　倭女王卑弥呼与狗奴国男王卑弥弓呼素不和　遣倭載斯烏**

越等詣郡　説相攻撃状　遣塞曹掾史張政等　因齎詔書黄幢　拝仮難升米　為檄告喩之

（訳）正始八（二四七）年、帯方太守の王頎が着任した。倭の女王卑弥呼は、狗奴国の男王である卑弥弓呼と以前から不和であったが、倭の載斯・烏越らを派遣して帯方郡に至らせて、狗奴国と互いに攻撃しあっている状況を説明させた。王頎は、塞曹掾史の張政らを派遣し、持たせた詔書・黄幢を難升米に与え、檄文を作って、それを告喩した。

この二つの記述をどのように捉えるかです。

（一）の記述は、文面以上でも以下でもありません。女王国の南に卑弥呼共立に参加していない「狗奴国」があるという客観的事実です。

女王国と平野部などで国境を接していたとすると、そこで独立を保つには相応な国力、軍事力が必要だろうと考えられますが、大河や山地などで区切られ、ある程度の緩衝地域が想定される場合は必ずしもそこまでの国力は必要なかったようにも思われます。

（二）についてはたしかにそれらしく読めます。

卑弥呼がわざわざ狗奴国と交戦状態にあることを帯方郡に報告して助力を求め、それに応えて黄幢を携えた張政が倭に送られたという解釈もよく目にします。狗奴国と戦う女王国を支援するために、黄幢を持った張政の一行が派遣されたとする論考です。

しかし、これはある意味、魏志倭人伝を正確に読んでいない解釈と言えます。この黄幢はもともと対狗奴国戦のためのものではなかった可能性も大きいのです。

黄幢は皇帝から発せられるものです。帯方太守が勝手に与えたりできるものではありません。正始八年に狗奴国との対戦状況を聞いた王頎が、即座に反応して、黄幢を張政に持たせることなど不可能なのです。記事中で張政が届けたものとして、〈齎詔書黄幢〉というように皇帝からの「詔書」が併記されていますから間違いありません。

《張政が届けた黄幢とは》

では、正始八年に張政が難升米に届けた黄幢は何なのでしょう。

魏志倭人伝は、その二年前の記事として、〈其六年　詔賜倭難升米黄幢　付郡仮授〉（正始六年、詔して倭の難升米に黄幢を賜与し、帯方郡に託して仮授させた）と記しています。

ここに記され、帯方郡に送られた黄幢こそが、正始八年に張政らが難升米に届けた黄幢なのです。すなわち、この黄幢は二年前に賜与が決まったものということになります。黄幢を賜与した理由が書いてあれば悩むことはないのですが、それには一切触れられていません。

もちろん、正始六年以前に卑弥呼が狗奴国との切迫した交戦状況を伝えて助力を求めた可能性は排除できません。しかし、それでは悠長すぎるように見えます。

また別の説として、当時韓国で起きていた反乱を鎮圧するための軍を要請する目的だったという見解もあります。しかし、正始八年には韓国の反乱はすでに鎮圧されていますから時機を逸してしまっています。

にもかかわらず、張政が、おそらく皇帝からの指令がしたためられた詔書とともに黄幢を難升米に届けたということは、難升米の果たすべき使命がほかにあったということです。

臆測の域を出ませんが、次のようなことが想定できるのではないかと思います。

卑弥呼が正始六年以前に、難升米を司令官としてどこかを攻めることを魏に伝えていて、それに応えてこの黄幢が下されたのだというものです。

魏の冊封国である女王国が拡大することは魏の領域が拡大することになります。黄幢を与える価値が十分にあるわけです。

その攻撃候補地として、もちろん南の狗奴国という名前も挙がりますが、東の倭種の国々だったかもしれませんし、特定の国ではなかったとも考えられます。

《正始八年の卑弥呼の遣使の目的》

さて、正始八年の卑弥呼の遣使ですが、「狗奴国との交戦状況を伝えて助力を求めること」が主要な目的ではありませんでした。そして、難升米への黄幢の賜与は二年前の決定事項でした。

では、正始八年の遣使は何のために送られたのでしょうか。

それは新しい帯方太守である王頎への挨拶および祝賀だったと考えられます。このときの使者である載斯や烏越は皇帝への献上品を持参したとは書かれていませんし、都洛陽へ行った形跡もありません。それも根拠と言えます。

その際、帯方郡に黄幢が届いていましたから、当然のことながら攻撃計画のその後について尋ねられたはずです。そこで、載斯や烏越が「もともと卑弥呼共立に異を唱え、共立に参加しなかった狗奴国と、現在交戦中です」と答えたにすぎないかもしれないのです。

この推論が正しければ、とくに狗奴国が邪馬台国と対等の国力を備えた国である必要はありません。そのとき、たまたま戦っていた国にすぎなかったのかもしれないからです。

そう考えるだけの根拠となりそうな事実もあります。それは、張政が黄幢を届けた後日談が一切記されていないことです。

卑弥呼が援助を求めてそれに応えて張政らが来倭したのであれば、その結果が記されてしかるべきです。張政は必ず詳細な復命報告書を提出したはずです。

『三国志』はただでさえ多くの戦いの記録であふれています。大きな戦闘が繰り広げられてそれに魏が関与したのなら、よい題材になるはずです。しかし、そういう記述は見られません。

卑弥呼の没後に立った男王をめぐる内乱については、国中が殺しあって一〇〇〇余人が殺されたと記しているにもかかわらず、狗奴国との戦闘については何も語られていないのです。

加えて、もし狗奴国との間で全面戦争のような戦闘が継続していたのであれば、卑弥呼の死に際して「大いに冢を作」り、一〇〇余人も殉葬させたり、続けて内乱に突入していくような状況では決してなかったはずです。

以上のようなことから、筆者は「狗奴国は邪馬台国にとって大きな脅威となる国ではなかった」可能性があるのではないかと考え始めたのです。

《強い狗奴国は幻想？》

魏志倭人伝はどこにも「狗奴国が女王国（邪馬台国）に匹敵する国力を備えた強国である」とは書いていません。

武器についても、女王国は鉄鏃（てつぞく）を使用していたと記されていますが、狗奴国が鉄の鏃（やじり）

を用いていたとは書かれていません。

つまり、狗奴国が強力な国であるというのは、幻想にすぎないかもしれないのです。

もちろん、従来説のように、邪馬台国と対等あるいはそれ以上の国力を備えた国だったということを完全に否定するわけではありません。

しかし、あくまでも魏志倭人伝のひとつの解釈として、「卑弥呼を戴く女王国の南に、男王がいて、官がいて、女王国に属さない国があったのは確かとしても、その国は女王国と対等に戦えるだけの国力を持たない弱小国であった」と、読み取る余地があるのではないかと考えます。

【検証】景初二年・景初三年問題

《景初三年説を概観する》

邪馬台国研究において、景初二年・景初三年問題というものがあります。卑弥呼が魏に最初の使いを送ったのはいつだったのかということに関するものです。

卑弥呼は、魏の司馬懿が公孫淵を討伐するのと時を同じくして、魏に対して遣使朝貢します。それが、景初二年か三年かという論争です。

その元となる魏志倭人伝の記事は、本章で読んだ最初の一文です。

景初二年六月　倭女王遣大夫難升米等　詣郡求詣天子朝献　太守劉夏遣吏将送詣京都

（訳）景初二（二三八）年六月、倭の女王（卑弥呼）は大夫の難升米らを派遣し、帯方郡に至らせ、天子に拝謁して朝献することを求めた。帯方太守の劉夏は官吏を遣わし、難升米らを率いて京都（魏の都＝洛陽）に送り届けた。

そして、この半年後の一二月に、卑弥呼は親魏倭王に叙され金印紫綬を仮授され、難升米らは銀印青綬を授かるとともに多くの下賜品を携えて帰路に就くわけです。

このように、魏志倭人伝は卑弥呼の最初の遣使を景初二（二三八）年だと記していますす。しかし、現状では景初三（二三九）年説が有力であり、ほぼ定説と言ってよいほどに定着しています。

景初三年説の根拠となっているのは次のようなものです。三つあります。

（一）当時の朝鮮半島北中部の状況

公孫淵が殺され一族が抹殺されるのは景初二（二三八）年八月です。すると、景初二年六月は魏軍と公孫氏軍の交戦中ということになります。そのような戦乱の最中に卑弥呼が使いを送り、帯方郡の役人がその使いを洛陽まで送り届けることはできないだろうという見解です。

（二）後世の中国史書の記事

『梁書』倭伝の記事には「景初三年に至って、公孫淵が誅殺されたあと、卑弥呼が初めて遣使朝貢した」と書かれています。

また、『翰苑』にも魏志からの引用として「倭の女王が景初三年に難升米らを派遣して朝貢した」と書かれています。

『梁書』は、唐（六一八～九〇七年）の初めの六二九年に、姚思廉が成立させた南朝の梁（五〇二～五五七年）の歴史を記した史書です。

『翰苑』は、唐の張楚金が六六〇年ごろに著した類書です。原本は散逸しましたが、日本の太宰府天満宮にその一部の写本が残っていて国宝に指定されている書物です。

（三）『日本書紀』の記述

『日本書紀』は卑弥呼に準（なぞら）えた神功（じんぐう）皇后の摂政紀三九年の記事として、明帝の景初三年六月に倭の女王が大夫難升米（原文は難斗米）らを遣わしたと記しています。『日本書紀』本来の設定では、神功皇后摂政三九年は西暦二三九年となります。

以上のような根拠から、魏志倭人伝の景初二年は誤りもしくは写本時の誤写であり、正しくは景初三年であるという説が有力となっているのです。

《後世の史書は三年説の根拠となるのか？》

しかし、筆者は、後世にこのような分析・批判を受けながらも現在まで受け継がれてきた魏志倭人伝の「景初二年」を尊重したいと考えています。

その立場から、景初三年説の根拠を検証してみましょう。それらの根拠が真に強力なのかと言いますと、反論の余地も十分にあるのです。

まず、『梁書』や『翰苑』『日本書紀』に景初三年と書かれていることについては、どれも後世の撰述ですから、遣使年を確定させるほど絶対的な根拠とはなり得ません。例えば、『梁書』が遣使年を誤認し、それがあとの書物に引き継がれていった可能性なども考えられるからです。

そう思って読むと『梁書』の原文〈至魏景初三年　公孫淵誅後　卑弥呼遣使朝貢〉は少し曖昧なものであることがわかります。

公孫淵が誅殺されたのは景初二年の八月ですが、『梁書』の書き方では、それが景初三年であるようにも読めます。あるいは、写本における誤写によって「二年」が「三年」になったとも想定できます。

しかし、景初三年説では「公孫淵が誅殺されたあとに卑弥呼が遣使朝貢した」という記述も強力な根拠とされます。景初二年八月に公孫淵が誅殺されたあとに、卑弥呼が景初二年六月に朝貢することは不可能だというわけです。

この先後関係についても反論できます。

一般的に、卑弥呼が朝貢したのは景初二年六月だと考えられていますが、その既成概念が誤っているのです。

景初二年六月は、卑弥呼の使いの難升米らが、「帯方郡にやって来て」「皇帝への拝謁を願い出た」にすぎません。

難升米らはその後、帯方郡の役人に付き添われて魏の都洛陽に行って、生口と織物を献上します。その時点で、初めて「朝貢」が成立するのです。

皇帝からの詔書が下されるのは一二月ですから、その前月だったと仮定すると、「卑弥呼が遣使朝貢したのは景初二年一一月」として記録されたはずです。

一方、公孫淵は八月に殺されて、その首は洛陽に送られます。公孫淵誅殺の一報とともに届けられたとしたら、翌九月には皇帝の元に届いていたでしょう。

すると、公孫淵誅殺と卑弥呼朝貢が同じ年だとしても、「公孫淵誅殺後に卑弥呼が朝貢した」という時系列が成立することになるのです。

しかし、記録認識の混乱によって、朝貢が誅殺後であるなら「朝貢は、八月誅殺の翌年六月のはずである」として、魏志倭人伝の「景初二年」は誤りだと判断されたのではないでしょうか。

《景初二年の遼東を考える》

後世の史書における根拠が薄弱だとすると、景初三年説の拠りどころは(一)の「景初二年六月は魏と公孫氏が交戦中であるため、難升米らは帯方郡へやってこられないし、太守の劉夏は難升米らを洛陽へ送り届けることはできない」という一点に尽きます。

本当にそうだったのか、遼東と朝鮮半島の状況を見ていきましょう。『三国志』のいくつかの紀伝のなかに当時の状況が記されているので、そこから考えていきます。

まず景初元（二三七）年の「明帝紀」です。

七月に明帝は幽州刺史の毌丘倹を遼東に派遣・駐屯させ、詔勅によって公孫淵を召し寄せますが、公孫淵は反旗を翻します。そこで毌丘倹を進軍させ公孫淵を討とうとしますが、雨が一〇日間も降りつづき遼水が氾濫したため詔勅により右北平に帰還させます。

これを見て、公孫淵は自身を燕王と称して独立を宣言し、年号を紹漢元年と改めます。

この毌丘倹と公孫淵の交戦について、「公孫度伝」は〈倹等不利而還〉（毌丘倹らは情勢が不利になり帰還した）とします。

しかし、「明帝紀」では川の氾濫により引き揚げたと述べるのみですし、「毌丘倹伝」

では〈公孫淵逆與倹戦不利引還〉（公孫淵は毌丘倹と戦うが情勢が不利となり引き還した）と記されています。公孫度伝とは真逆のことを書いています。

真実は不明ですが、「明帝紀」は続けて、烏丸の単于寇婁敦や烏丸都督王護留らが部族を率いて帰順したことや、詔勅により遼東の将校、軍吏、兵士、庶民で公孫淵の脅迫によって降伏した者をすべて赦したことを記しています。ですから、この時点ですでに公孫淵の権力はかなり弱まっていたのではないかと推測できます。

ところが、公孫淵はここでおそらく最後の手段として燕王としての独立を宣言します。じつは公孫淵は二三三年に呉から燕王に封じられた過去があります。

そのときは呉を裏切ったのですが、ここにきて再度呉との連携を目論んでいたのだと思われます。

これに対して、明帝は即座に反応します。海沿いの四つの州（幽州、冀州、兗州、青州）に大々的に海船の製造を命じます。これは、魏にとって遼東の背後に当たる楽浪郡・帯方郡を攻めるためのものだったと考えられます。

また、「韓伝」の記事には景初年間（二三七〜二三九年）に、明帝が帯方太守に任じた劉昕と楽浪太守に任じた鮮于嗣に、秘密裏に海からそれぞれの郡に入って郡を平定させたとあります。

公孫淵が燕王を宣言した以上、それを認めることのできない魏としては新たな太守を任命して領地回復を図るのは当然のことです。それが速やかになされたとしたら、景初元（二三七）年中のことだったかもしれません。

そう考えると、景初二（二三八）年正月に詔勅を下し、司馬懿に軍を統率させ、毌丘倹を副将として公孫淵を攻めさせたのは余裕の既定路線に見えてきます。すでに、楽浪郡や帯方郡方面へ逃げることもできず、襄平に閉じこもった公孫淵を討つのに急ぐ必要もなく、悠然と進軍しています。時間的余裕が生じたからでしょうか、「高句麗伝」では王の宮が数千の軍勢で加勢したとされています。そして、八月についに公孫淵を打ち破りその首を都に送ることになるのです。

ここまで遼東および朝鮮半島の状況を『三国志』の記述から探ってきましたが、このようだったとしたら、景初二（二三八）年六月の帯方郡は劉昕の次の太守劉夏の下平穏を取り戻していたと考えられます。

そして、公孫氏の弱体化が明らかであり、直近の滅亡が早くから予測されていたとすると、卑弥呼は急いで魏への遣使を企てたと思われます。それは、早ければ景初元年中であったかもしれませんし、遅くとも帯方郡が魏に帰した時点であったはずです。

また、公孫淵が襄平に閉じこもった状況であったなら、景初二年六月でも、海路なら何の問題もなく、陸路でもほぼ戦闘に巻き込まれることなく安全に、難升米の一行は洛陽を目指すことができたのではないかと思われます。

ですから、筆者は景初三年説を全否定するものではありませんが、魏志倭人伝の記す通り景初二年説が成立する余地も十分にあると考えています。

《梯儁の届けた品々とは》

卑弥呼の最初の遣使朝貢に応じる形で、正始元（二四〇）年に梯儁一行が女王国にやってきます。次は、一行が携えてきた品々から、景初二年・三年問題を考えてみます。

訳文だけ示しますと、「正始元（二四〇）年、帯方太守の弓遵は建中校尉の梯儁らを派遣し、詔書と印綬を奉じて倭国に至らせた。梯儁らは倭王（卑弥呼）に謁見し、あわせて詔をもたらし、金、帛、錦、罽、刀、鏡、采物を賜与した。倭王は上表文を梯儁らに託し、皇帝からもたらされた恵みに答謝した」という記事でした。

梯儁らは倭王に多くのものを届けています。

(一)〈詔書〉、(二)〈印綬〉、(三)〈詔〉、(四)〈金帛錦罽刀鏡采物〉です。

難升米らが洛陽で皇帝から銀印青綬を授けられ、詔書と多くの下賜品を受け取り、それを持ち帰ったのは明らかです。

それは魏志倭人伝が詳細に記していた詔書の内容が物語っています。卑弥呼への金印紫綬は「仮授」とされたもので、帯方太守に託すと書かれています。

しかし大量の下賜品は装封して難升米らに渡すと明記されています。物品の種類と数量まで事細かに記されています。そして、それが届いたら目録と照らし合わせて受け取り国中にそれを示せと続けています。ですから、下賜品とともにその内容が記された詔書も一緒に渡されたのは間違いありません。

すると、梯儁の届けた物品は一体何なのでしょうか。

(一)と(二)は帯方太守に託された金印紫綬とそれにまつわる詔書だと思われます。

しかし、(三)と(四)は理解に苦しみます。もし、難升米らの遣使が景初三年で、拝謁したのが明帝を継いだ少帝だとすると、少帝がほぼ同時に二度も詔書と下賜品を倭に与えると考えるのは無理があります。

ところが、景初二年だったとするとすんなりと理解できます。

まず、難升米らは「景初二年一二月」に明帝から多くの下賜品を頂き帰路に就きます。

その直後、景初三年正月に明帝が崩御し、少帝があとを継いで即位します。

そして景初三年中は魏が喪に服します。

その喪の明けた翌正始元年に、少帝から新たな詔書と物品が発せられ、それを梯儁が卑弥呼に届けたと考えるのが順当ではないでしょうか。

ただし、梯儁の持参した品々は難升米らに下賜された品々のことだと考える説もあります。しかし、そうであれば、梯儁一行は難升米一行と行動をともにしたということになります。すると、その旨の記事が書かれるはずですし、皇帝から難升米らに一度下賜された品々を、梯儁たちが改めて賜与するとは記さないように思います。

【新説】紀年銘鏡の製造経緯から考える景初二年説

前節では文献解釈の立場から、通説となっている景初三年説に対して、景初二年説も成立の余地があることを論じてみました。

引き続き、全国で出土する銅鏡のなかでもとくに製造年の銘文が鋳出された紀年銘鏡というものから、卑弥呼の遺使朝貢年を考えてみたいと思います。

《非実在年を記す「景初四年」銘盤龍鏡とは》

昭和六一（一九八六）年、京都府福知山市の広峯一五号墳から景初四年銘盤龍鏡が出土しました。広峯一五号墳は全長四〇メートル、由良川流域で最初の前方後円墳であり、古墳時代前期末（三〇〇年代後葉）の築造と考えられています。景初四年銘盤龍鏡のほかにも鉄剣、鉄斧、ヤリガンナ、管玉が副葬されていました。

この盤龍鏡に鋳出された「景初四年」ですが、非実在の年です。魏の元号である「景初」は三年までしかなく四年は存在しません。

先に見たように景初三（二三九）年の正月に明帝が崩御し、八歳の少帝がそのあとを継いで即位します。その翌年は「正始」と改元されますから西暦二四〇年は正始元年となります。

では、この「存在しない景初四年」の銘が鋳出された鏡は、いつ、どこで製造されたのでしょうか。

製造年については、二四〇年以外に考えられません。銅鏡に記された紀年については、後世の製造に際して特別な年号を用いた可能性を指摘する説もありますが、「景初四年」は存在しない年号です。後年に架空の年号の入った鏡を製造することはないと断言してよいでしょう。

すると、西暦二三九年が「景初」であり「三年」であることを知りながら、その正月の明帝崩御と二四〇年の「正始」への改元を知らなかった工人が二四〇年に製造したと考えるのが合理的です。

もちろん、後年、踏み返し鏡（いわゆるコピー）が作られた可能性はありますが、原盤ということで考えると二四〇年の製造と断定してよいと思います。

すると、製造場所は女王国である可能性が高くなります。中国の魏において、明帝の崩御を知らずに二四〇年に「景初四年」の鏡を製造することは想定できません。二四〇年には新皇帝の元号である「正始」に改元されていることを知らない者はいなかったはずだからです。

図13　景初四年銘盤龍鏡
（広峯一五号墳出土）

※高槻市立今城塚古代歴史館『古代の日本海文化―太邇波の古墳時代―』2018より転載

図14　景初四年銘拡大図

※高槻市立今城塚古代歴史館『古代の日本海文化―太邇波の古墳時代―』2018より転載

すなわち、「景初四年」銘鏡は、女王国のような遠方の地で明帝崩御と改元を知らなかった工人（あるいは鏡作り集団）が製造したということになります。また、当時の女王国内では誰でもが任意に鏡を製造・所持できたとは思われませんので、工人は王権の管理下ないしそれに近い状況に置かれていたと考えられます。

そして、少なくとも二四〇年五月時点で、工人にまで情報が伝わっていなかったと推定できます。銘文に「五月丙午之日」と記されているからです。

この「五月丙午」は良き日として慣用句的に用いられていたのは確かなようです。ほかの銅鏡銘文にも「五月」「丙午」は見られますし、東大寺山古墳出土の鉄刀や石上神宮に伝世した七支刀にも「五月」「丙午」が金象嵌されています。ですから、八月や一〇月に鋳造した鏡に「五月丙午」と記した可能性も排除することはできません。

しかし、「五月丙午」が記されない銘文が圧倒的に多いのも事実です。少なくとも「五月丙午」と記された鏡については、「五月」に鋳造された蓋然性が最も高いと考えてよいのではないでしょうか。

したがって、「景初四年」銘鏡も「五月」に製造した可能性が高いものと考えて論を進めることとします。

《「陳是作」紀年銘鏡》

青銅鏡は、現在までに日本国内で何千枚も出土していますが、そのうち紀年銘鏡はわずか十数面しかありません。

その数少ない紀年銘鏡のうち、じつに九面が青龍三（二三五）年、景初三（二三九）年、景初四年、正始元（二四〇）年という魏の年号が鋳出された鏡です。

まさに、卑弥呼の初の朝貢と前後する時期の年号なのです。それらは次のように全国各地の古墳から出土しています。

（A）青龍三年銘方格規矩四神鏡　安満宮山古墳（大阪府）
（B）青龍三年銘方格規矩四神鏡　大田南五号墳（京都府）
（C）景初三年銘三角縁神獣鏡　神原神社古墳（島根県）
（D）景初三年銘画紋帯神獣鏡　和泉黄金塚古墳（大阪府）

（E）景初四年銘盤龍鏡　広峯一五号墳（京都府）
（F）景初四年銘盤龍鏡　（伝）持田古墳（宮崎県）
（G）正始元年銘三角縁神獣鏡　蟹沢古墳（群馬県）
（H）正始元年銘三角縁神獣鏡　森尾古墳（兵庫県）
（I）正始元年銘三角縁神獣鏡　竹島古墳（山口県）

このうち、「A・B」「E・F」「G・H・I」はそれぞれ同型鏡だろうと推定されています。付記すれば、奈良県の桜井茶臼山古墳から出土した鏡の破片も、読み取れる文字が一致することから正始元年鏡の同型鏡だろうと推定されています。

ここに挙げた紀年銘鏡のいちばんの共通点はすべて「○○作」と製作者名が明記されていることです。そして、（A）（B）の青龍三年銘鏡以外の七面すべてが「陳是作」となっています。ここではその七面の「陳是作」紀年銘鏡について考えます。

「陳是」の読みについては便宜上「ちんぜ」としますが、銘文を信じるなら、それらの鏡を「陳是」という工人もしくは工房（集団）が製造したということになります。「陳是」が文字を認識できたと想定すれば、自作鏡に他人や別の工房の名を入れることは考えられませんから、それは間違いありません。

銘文については、島根県加茂町（かもちょう）教育委員会発行の調査報告書『神原神社古墳』（二〇〇二）に、岡村秀典氏の「景初三年銘三角縁神獣鏡の図像と系譜」と平川南氏の「『景初三年銘』三角縁神獣鏡の銘文」という論文が掲載されています。それによれば、両氏

図15　神原神社古墳出土の景初三年銘三角縁神獣鏡の銘文

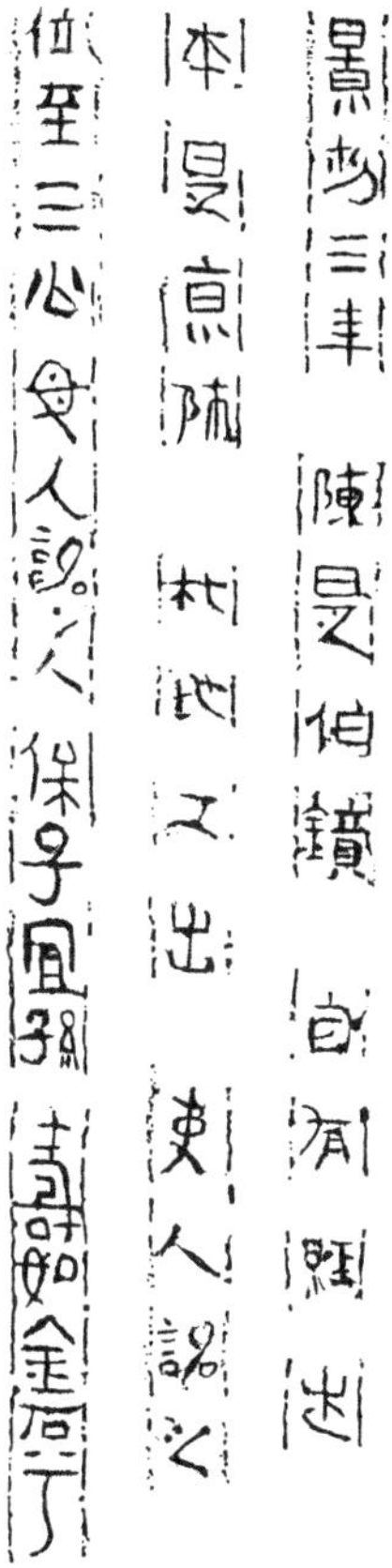

※島根県加茂町教育委員会『神原神社古墳』2002「『景初三年』銘三角縁神獣鏡の銘文」より引用

ともにこれら紀年鏡の銘文の定型（基本型）は神原神社古墳出土鏡（前記C鏡）であろうと考察しています。ただし、平川氏は「景初四年」銘鏡の左文字（鏡文字）の多さや「五月丙午之日」という四言句から外れた訓読み風の表記などから、景初四年鏡の異質さを指摘しています。

その「陳是作」の銘文の原型とされる神原神社古墳出土鏡の銘文は図15のようになっています。

《「陳是作」紀年銘鏡の製造地》

では、陳是作の紀年銘鏡から何が見えてくるでしょうか。

前提条件は以下の三つです。

（一）これらの紀年鏡はすべて「陳是」という同一工人または同一工房（集団）の製造である

（二）その紀年に製造された

（三）景初四年銘鏡は正始改元を知らずに製造された

図16　紀年鏡の同位体比

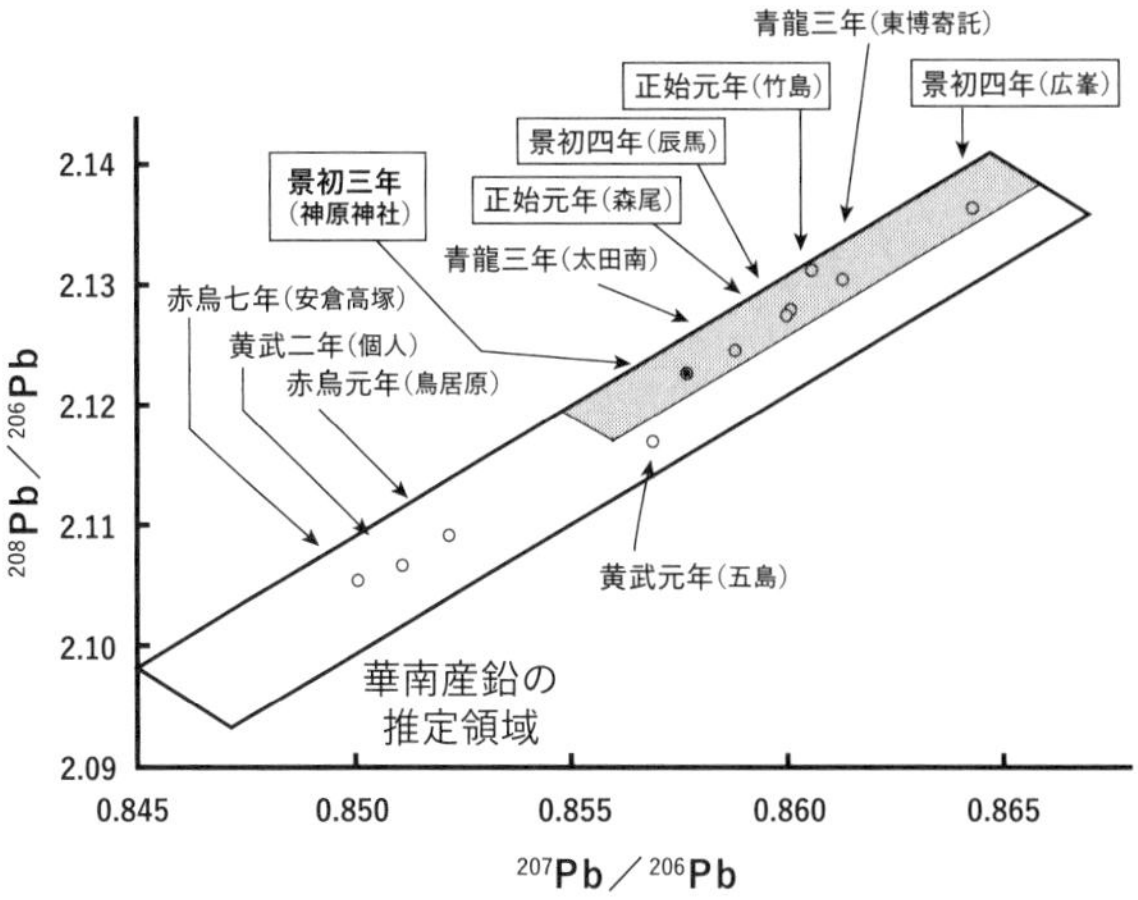

※島根県加茂町教育委員会『神原神社古墳』2002
「景初三年銘三角縁神獣鏡の鉛同位体比」第81図を引用・改変

（一）に関連して、前出『神原神社古墳』に「景初三年銘三角縁神獣鏡の鉛同位体比」（平尾良光氏・早川泰弘氏・榎本淳子氏）という論文があり、鉛同位体比の分析結果が掲載されています（図16）。

それによれば、これらの紀年銘鏡は華南産の鉛を用いているようです。分布が華南産の鉛領域のなかでも狭い範囲に収まっています。つまり、魏の年号を持つ紀年銘鏡は共通した傾向を持つ材料によって製造されたことが判明するのです。決して、様々な場所で、異なった材料を用いて作られたものでないことを示しています。それは同一工人または同一工房の製造説を補強するものであるように見えます。

（二）については当然、後年の踏み返し鏡という可能性を考えなければなりません。後世の工人が銘文について深く考えずに鏡を一枚丸々コピーするという可能性は、皆無ではありません。しかし、その「原盤」の作製時に、その年の年号と異なる年号を入れることはほぼ考えられません。したがって、少なくとも原盤鏡は記された紀年の製造と推断してよいということになります。

神原神社古墳出土の景初三年銘三角縁神獣鏡（C鏡）の銘文を基本として、D鏡～I鏡の銘文が考案されたと推定できることも、製造順においてそれを裏付けています。

（三）については先述のように、二四〇年五月時点で、正始への改元という情報が「陳是」に伝わっていなかったために、「景初四年」銘鏡が製造されたと考えられるということです。

「陳是」が景初三年銘鏡・景初四年銘鏡・正始元年銘鏡のすべてを作ったのだとすれば、

製造場所はどこでしょうか。

陳是が魏国内にいたのであれば、景初三年正月の明帝崩御と翌年の改元を知らないはずはありません。ですから、景初三年銘鏡はともかくとして、景初四年銘鏡は明らかに魏国外で製造しています。

新元号である「正始」が発布されたのが、『三国志』の記述から景初三年一二月だとする説も有力です。それを元に、新元号を知り得なかった地域、例えば楽浪地域の工人が「景初三年」の次の年を「景初四年」と記したという論考も目にします。

しかし、明帝の崩御は周知の事実です。すると、二四〇年に入ったあとも新元号が伝わらなかったとしても、改元は十分に予測できます。そういう状況下で、あえて銅鏡に年号は記さないのではないでしょうか。実際、紀年銘のない銅鏡のほうが圧倒的に多いのですから、記さない選択肢はあったはずです。

そして、陳是が魏国外で工房を構えていたのだとすれば、同じ二四〇年の正始元年銘鏡も魏国外で製作した蓋然性が高まります。

景初四年銘鏡・正始元年銘鏡の出土状況を見れば、倭地であったと考えるのが妥当であり、魏志倭人伝を読めば、女王国であろうと考えるのが順当だと思います。

《「陳是」とは》

陳是が景初四年銘鏡を製造するに至った経緯を考える前に、「陳是」とはどのような工人あるいは工房だったのかを見てみましょう。

その手掛かりが銘文中にあります。不思議なことに「陳是」は自身の名とともに自身の経歴を銘文中に書き記しているのです（前出の図15参照）。

〈自有経述　本是京師　杜地□出〉の部分です。□に入る文字は判読不能ですが、「正始元年」銘三角縁神獣鏡に似通った文章が記されていて、そこには〈杜地命出〉と記されています。したがって、欠落部分は「命」あるいはそれと同義の漢字と考えてよいでしょう。

「命」を代入すると、銘文の冒頭は〈景初三年　陳是作鏡　自有経述　本是京師　杜地命出〉となります。

訳してみると、「景初三年に陳是がこの鏡を作ったが、述べるべき経緯がある。もともとは帝都にいたが、皇帝の命によりその地を閉じて出てきたのである」となります。

魏の年号を記す銘文で〈京師〉と言えば、魏の都である洛陽としか考えられません。銘文に従えば、魏の都洛陽で鏡師（鏡作り工人）をしていた陳是は、皇帝から紀年銘鏡を製造した場所に行くように命じられたのです。すなわち、女王国へ行くように命じられたのです。

それは、いつだったのでしょうか。

公孫氏が遼東で健在の間は、魏と倭の直接交渉はなかったとされています。すると、公孫氏が討伐された景初二（二三八）年以降となります。来倭ののち、女王国で二三九年に「景初三年」銘鏡を作るのですから、二三八年か二三九年に限定されます。

では、陳是が女王国に派遣された目的は何だったのでしょうか。

ここからは筆者の臆測になりますが、女王国で鏡を作ること、そして倭の工人に鏡作りを教えることだったのではないかと考えます。

倭国ではそれ以前にも鏡が製作されていました。平原遺跡（福岡県・糸島市）から出土した直径四六・五センチメートルもある大型の内行花文鏡も仿製鏡（中国鏡を模倣して日本国内で製造された鏡）だと考えられています。ですから、決して倭の地に鏡師がいなかったわけではありません。しかし、二三八年あるいは二三九年時点では鏡師の血筋が途絶えたり、技術が劣化、あるいは中国の新しい技術が届かず時代遅れのものになっていた可能性は考えられるでしょう。

魏志倭人伝中の皇帝の詔に、卑弥呼の「好物」のひとつとして「銅鏡」も記されています。当時、卑弥呼は鏡を欲していたのです。

そこで、女王国の要請に応える形で、陳是が選ばれ派遣されたのではないでしょうか。あるいは、明帝が卑弥呼に賜与した〈銅鏡百枚〉を作ったのも陳是だったのかもしれません。

そして、女王国に来た陳是が、自ら、あるいは倭の工人を指導して製造したのが、陳是作の「景初三年」銘鏡、「景初四年」銘鏡、「正始元年」銘鏡なのだと考えます。

また、紀年銘鏡がほぼ同じ鉛同位体比を示すことから、その材料は陳是のために用意され、陳是自らが魏から運んだものであるとも考えられます。ただし、同位体比で測定できた鉛に限っての話です。

ところで、これらの鏡の銘文は、韻を踏んでいないなど稚拙な点が指摘されています。それについては、文案作成者が同行していなかったか、同行していたとしても来倭途中に病気や不慮の事故で没したなどの原因があったと考えれば、説明がつくのではないでしょうか。魏国内において稚拙な銘文が案出される可能性は低いので、これも陳是作鏡の女王国内製造説を裏付けるものだと言えます。

《陳是作紀年銘鏡から見る「景初三年説」》

陳是来倭の経緯を見てきました。では、陳是作の紀年銘鏡から卑弥呼の遣使朝貢年はどのように考えられるでしょうか。

まず、景初三年説で考えてみます。

陳是の来倭は、あくまでも難升米らの来朝を受けた皇帝の派遣命令によるものですから、難升米らの女王国帰還より先に陳是が単独で女王国に渡ることは考えられません。難升米一行に随行して来倭したはずです。

すると、難升米一行、梯儁一行、陳是が同時に来倭したことになります。時期は二四〇年の春から初夏が想定されます。

この場合、「景初三年」銘鏡は前年（二三九年）に製造されていますから、難升米らが少帝から賜与された銅鏡百枚に含まれることになります。つまり、「魏で製造された景初三年銘鏡」です。

しかし、この考え方には二つ解決できない問題点が出てきます。

ひとつは、景初三年時点では、陳是はまだ〈杜地命出〉ではないということです。ですから、景初三年鏡に書かれた〈杜地命出〉という銘文が説明できません。

もうひとつは、景初四年銘鏡の製造が不可能になるということです。二四〇年に女王国へ来た梯儁たちは、少帝の詔書や下賜品を携えています。そのなかには、当然、正始への改元という公式の報告も含まれています。

すると、陳是は「景初四年」銘鏡を製造することなく、「正始元年」銘鏡を製作できることになります。「景初四年」を思い浮かべることすらないからです。

したがって、陳是作の紀年銘鏡から考えますと、卑弥呼の遣使朝貢「景初三年説」は成立しないと言わざるを得ないのです。

《陳是作紀年銘鏡から見る「景初二年説」》

同じ陳是の手による「景初四年」銘鏡と「正始元年」銘鏡が併存することを説明するには、二四〇年前半に改元を知らない陳是を想定し、後半に改元を知った陳是を想定しなければなりません。

それが可能になるのは、卑弥呼の遣使朝貢「景初二年説」なのです。

「景初二年説」に従って経緯を考えてみます。

難升米らは景初二（二三八）年六月に帯方郡に着き、太守劉夏の計らいで洛陽に送られます。到着後、魏の明帝に拝謁して生口と織物を献上し、一二月に銅鏡一〇〇枚を含む数々の品を下賜されます。

その難升米らがすぐに帰途に就いたとすると、女王国に帰還するのは翌景初三（二三九）年の春から初夏にかけてだと思われます。

帰国した難升米一行に随行したのが、明帝の命を受けた「陳是」です。すると、陳是が皇帝から女王国派遣の命を受けたのは景初二年の一一月か一二月ごろだと限定できます。

そして、ここが重要なのですが、難升米も陳是も景初三年正月の明帝の崩御を知ることなく女王国に到着しているのです。

筆者の想像を広げれば、難升米らが持ち帰った銅鏡一〇〇枚のなかに、明帝が魏で作らせた紀年銘鏡があったのではないでしょうか。

親魏倭王となった卑弥呼の繁栄を願う吉祥句（きっしょうく）とともに、記念すべき年号を記した特別な一枚です。紀年はもちろん「景初二年」です。

その「景初二年」銘鏡を気に入った卑弥呼が、招聘（しょうへい）した鏡工人である陳是に翌二三九年に「景初三年」銘鏡の製造を依頼します。

これに応じて製造されたのが、神原神社古墳出土の「景初三年」銘三角縁神獣鏡です。続いて、二四〇年には「景初四年」銘鏡の製造が依頼され、広峯一五号墳などから出土した「景初四年」銘盤龍鏡が作られます。二四〇年「五月丙午之日」のことであったと推測します。

そして、「陳是」が「景初四年」銘鏡を製造した直後、金印紫綬を携えた梯儁一行が卑弥呼に謁見します。その場で卑弥呼へ、正始への改元が公式に伝えられます。すなわち、卑弥呼以下女王国の人々はこの時点で初めて、二四〇年が「景初四年」ではなく「正始元年」であることを「公式に」知ることとなるのです。もちろん、非公式に明帝崩御および改元の一報がもたらされていた可能性を否定できませんが、公式にはこの時点ということになります。

その報はさっそく陳是の元にももたらされます。

そして、それ以降に陳是が製造したのが、蟹沢古墳などから出土した「正始元年」銘三角縁神獣鏡ということになります。もちろん、「正始元年」銘鏡には「五月丙午」の文字はありません。

以上のように、紀年銘鏡から卑弥呼の遣使朝貢年を推察しても、文献上から考察した結論と同じく「景初二年説」の成立する余地は十分すぎるほどにあると思いますがいかがでしょうか。

陳是はその後、魏に呼び戻されたのでしょうか。あるいは倭の地で没したのでしょうか。陳是のその後は探りようがありませんが、陳是作鏡にも含まれる三角縁神獣鏡は、その後ヤマト王権の鏡となり全国各地の古墳に副葬されるようになります。

今後も、日本国内から多くの紀年銘鏡が出土するでしょう。いつの日か、「景初二年」銘鏡がその姿を現す日が来るかもしれません。それを楽しみに待ちたいと思います。

第六章

論争の原点〈水行二十日〉〈水行十日陸行一月〉を考える

【新　説】魏志倭人伝後世書き換え説

第一章から第五章にわたって、魏志倭人伝の全文を読んできました。魏志倭人伝は、倭地および女王国について具体的で詳細な叙述を行っていました。

第六章では、魏志倭人伝全体の記事から、邪馬台国論争に向かう考え方を整理して、そのあとに筆者の考えを述べたいと思います。

邪馬台国論争の出発点

まず、邪馬台国論争の出発点です。

邪馬台国論争とは、ほとんどの場合、邪馬台国がどこにあったのかという邪馬台国位置論争を意味します。そして、それは日本古代史最大の論争と言っても過言ではありません。

現在、大きくは畿内説と九州説に二分されていると言ってよいと思いますが、ほかにも吉備説や出雲説などの中国地方にあったとする説や、阿波説などの四国説、さらには東海地方や関東地方に所在地を求める説、東北地方に及ぶ説まであります。

魏志倭人伝中には、帯方郡から邪馬台国までの行程も記されていました。

それにもかかわらず、なぜ日本各地に邪馬台国が乱立しているのでしょうか。

原因は明らかです。それは、不彌国から投馬国経由で邪馬台国に至る行程の日数表記です。

このような記事でした。

〈南至投馬国　水行二十日〉（不彌国から南へ水行二〇日で投馬国に至る）

〈南至邪馬台国　女王之所都　水行十日陸行一月〉（投馬国から南へ水行一〇日陸行一月で女王の都がある邪馬台国へ至る）

その前の、帯方郡から不彌国までの行程には里数が用いられていました。

「帯方郡から南進・東行すると七〇〇〇余里で狗邪韓国に到着する」

「（狗邪韓国から）海を一〇〇〇余里渡ると対馬国に至る」

「（対馬国から）また南に一〇〇〇余里海を渡ると一大国に至る」

「（一大国から）また海を一〇〇〇余里渡ると末盧国に至る」

「（末盧国から）東南に五〇〇里陸行すると伊都国に到着する」

「（伊都国から）東南に一〇〇里で奴国に至る」

図17　魏志倭人伝の行程

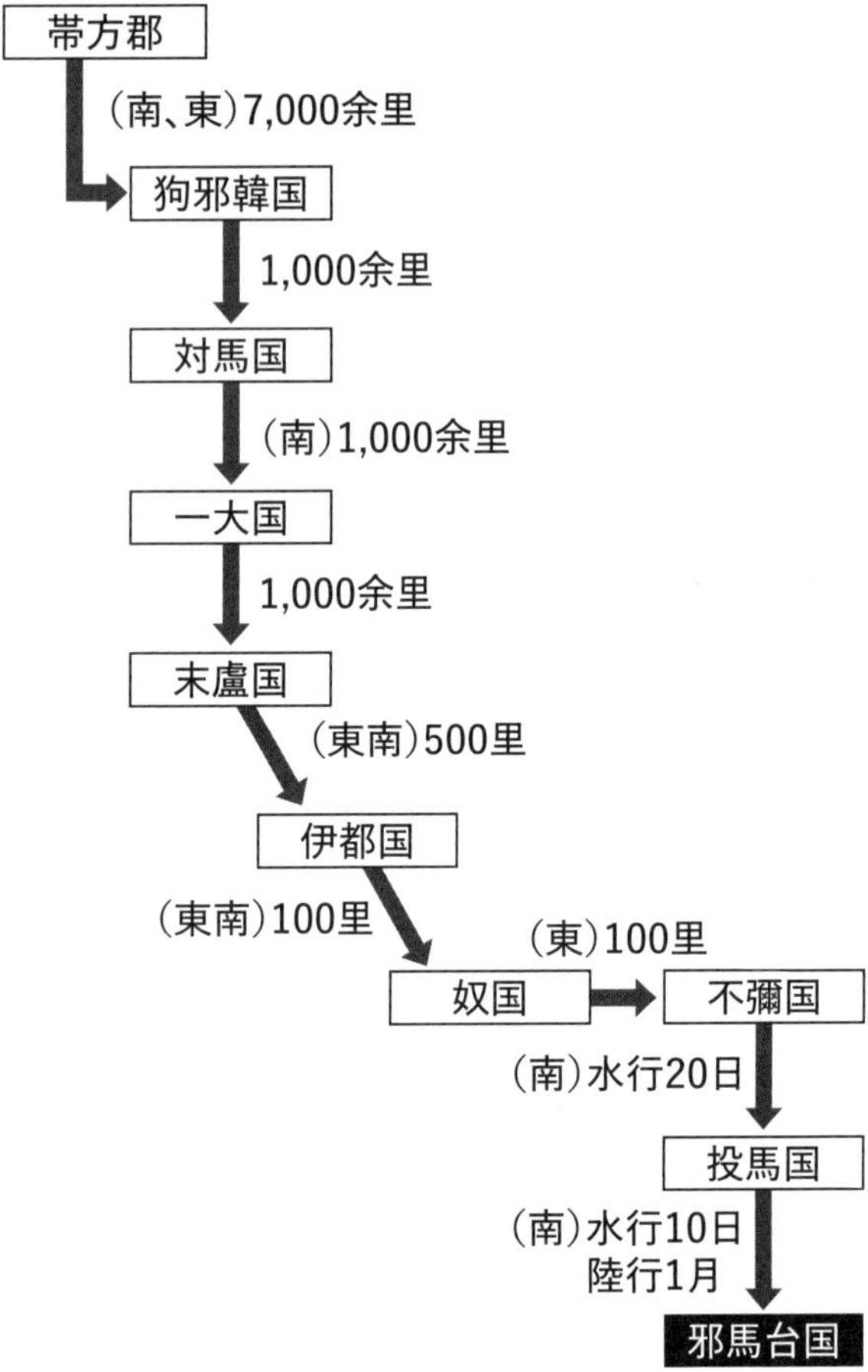

「（奴国から）東に一〇〇里行くと不彌国に至る」

このように具体的な里数を明記しています。図示しますと図17のようになります。

最後の二行程である不彌国から投馬国への行程と、投馬国から邪馬台国への行程だけが日数で表記されているのです。

この日数表記の弊害は明らかです。

日数で記されると、どれほどの距離なのかを特定できなくなるのです。

例えば、東海道五十三次というものがあります。江戸から京都まで五〇〇キロメートル弱を一般の人々は約半月かけて歩いたそうですが、飛脚は三、四日で走っていたとされています。

つまり、人によって一日に進める距離が異なりますから、日数から具体的な距離を算出することは不可能なのです。

加えて、不彌国から邪馬台国までは水行二〇日、水行一〇日、陸行一月の合計二ヶ月という長丁場です。相当遠くまで行けるだろうということは容易に想像できます。

不彌国が北部九州にあったというのは畿内説、九州説およびすべての説で共通認識になっています。ところが、その北部九州の不彌国を出発点として二ヶ月の行程と言えば、方向を考慮しなければ日本中どこへでも行けます。

極論しますと、この日数の解釈次第で日本のどこにでも邪馬台国を比定できるいうことなのです。

すなわち、「日数表記」が日本中に邪馬台国が乱立する原因であり、邪馬台国論争の出発点であると断言できるのです。

〈水行二十日〉〈水行十日〉〈陸行一月〉をどう考えるか？

では、論争の出発点となっている〈水行二十日〉〈水行十日〉〈陸行一月〉の合計二ヶ月をどのように考えればよいのでしょうか。主だった考え方は次の三つです。

(一)合計二ヶ月の日数は倭人からの伝聞である
(二)投馬国と邪馬台国への日数の起点は帯方郡である
(三)合計二ヶ月は一三〇〇里である

（一）は、郡使たちは伊都国までしか行っておらず、そこから先は倭人からの伝聞であり、倭人が誇張した日数を教えたのだという説です。第二章で検証して、成立しないと結論付けた放射説とセットで語られることの多い説です。

しかし、魏志倭人伝を読むと、梯儁たち郡使一行が邪馬台国まで足を運んだであろうことは明らかです。

直接的な根拠は、「梯儁が卑弥呼に謁見して下賜品を渡し、卑弥呼は感謝の上表文を返した」という記事です。封泥で厳重に封印された皇帝からの金印紫綬や下賜品を、卑弥呼に会うことなく、役人に渡して任務完了などということは考えられません。

この見解に対して、「卑弥呼が伊都国まで出向いたのだ」という反論もありますが、卑弥呼の居処や生活ぶりも描写されていました。

それらを考え合わせれば、郡使たちは卑弥呼の都があった邪馬台国まで足を運び、その様子を目の当たりにしたのは確かだと思われます。

よって、（一）の「日数表記は倭人からの伝聞であり、倭人が誇張して伝えたものである」という説は成立しません。

次に(二)の説です。

投馬国と邪馬台国への行程の起点を帯方郡だとする考え方です。仮に命名するなら「水行陸行帯方郡起点説」と言える説で、近年よく目にするようになりました。

しかし、結論から言いますと、これもかなり恣意的な読み方であり、成立しない説だと考えられます。

そもそも、邪馬台国への行程記述の文頭に、「自郡至女王国万二千余里」に見られる「自郡(帯方郡より)」のような語句がありません。それにもかかわらず、その起点が帯方郡だと読むのであれば、極論すればですが、伊都国、奴国、不彌国への行程の起点も帯方郡でなければなりません。

しかし、帯方郡の近くに伊都国や奴国があることは考えられませんから、この一点からだけでも否定されそうな読み方と言えます。

しかしながら、その批判をいったん留保して行程イメージを作成しますと、図18のようになります。

帯方郡を起点とすると、邪馬台国の位置が非常に漠然としたものになってしまうのが

図18 「水行陸行帯方郡起点説」のイメージ図 (1)

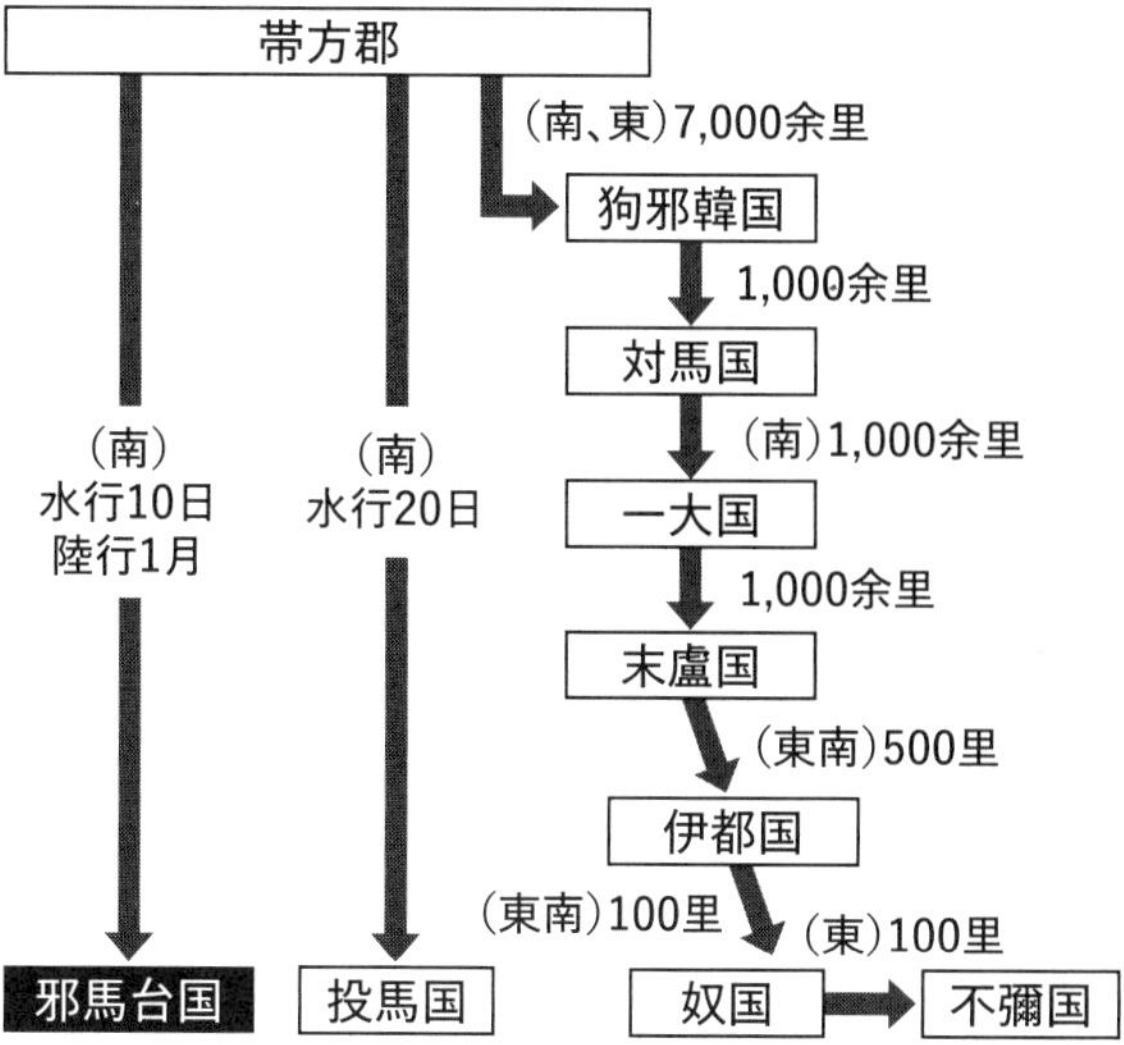

わかります。帯方郡から南へ水行一〇日、陸行一月でたどり着ける場所は、あまりにも範囲が広すぎます。

魏志倭人伝の原史料を梯儁の復命報告書だと仮定すれば、彼らには倭の地に関する詳細な調査・報告が命じられていたはずです。こんな具体性がなく、再現性のない報告は許されるはずがありません。

また、この説では投馬国の扱いが説明できません。邪馬台国へのルートとは別ルートで、な

図19 「水行陸行帯方郡起点説」のイメージ図（2）

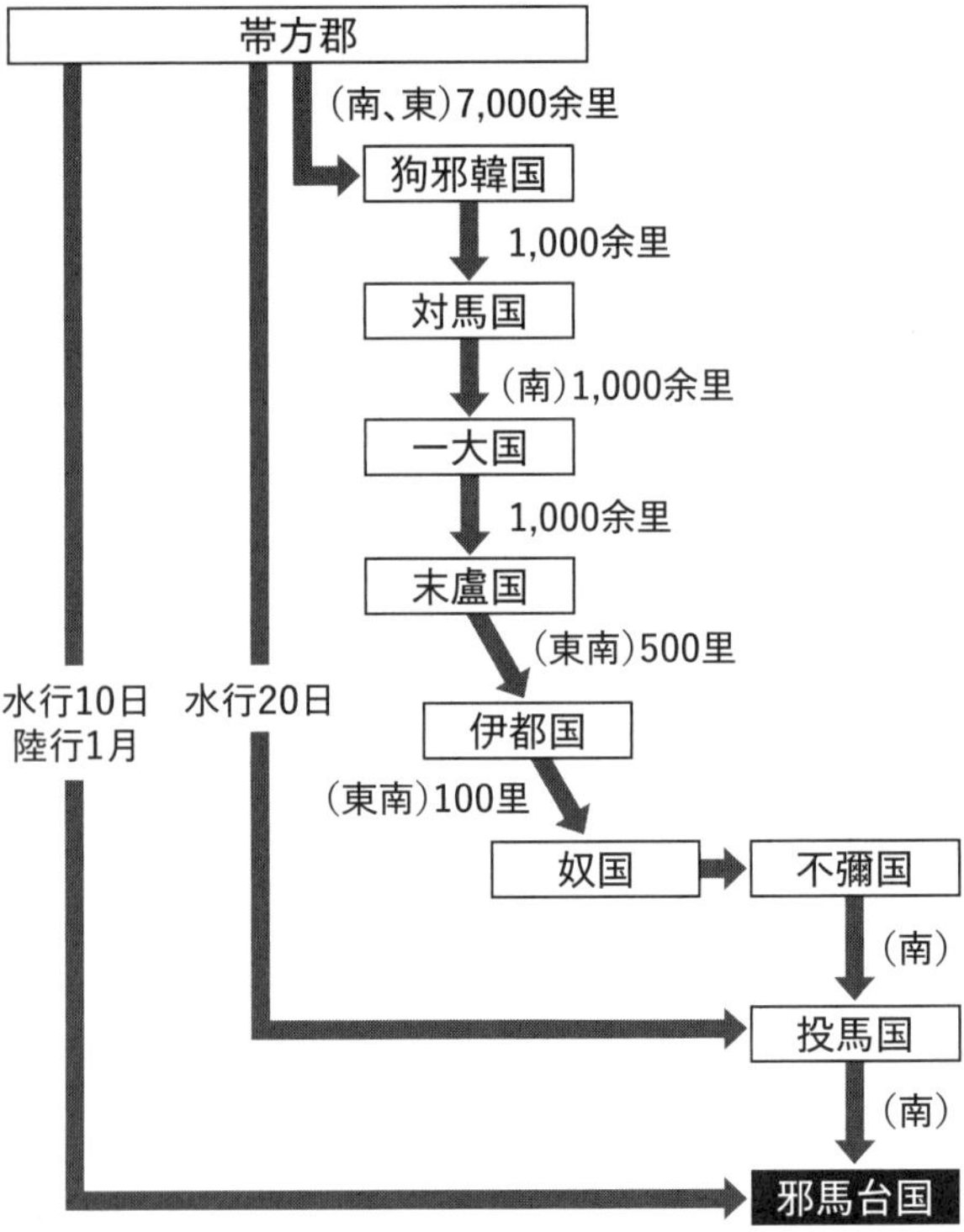

おかつ邪馬台国との相対的な位置関係や存在の重要性も記されない投馬国が、なぜ魏志倭人伝の行程記事に挿入されているのでしょうか。投馬国に言及する蓋然性がまったく見いだせないのです。

それでも百歩譲って、〈南至邪馬台国〉の〈南〉は前の国からの方向であり、〈水行十日陸行一月〉が帯方郡からの日数であると解釈してみますと、行程イメージは図19のようになります。

これなら整合性がとれているように見えます。

しかし、これでも不彌国から投馬国、投馬国から邪馬台国への距離が想像できない不自然な記述になってしまいます。その間が一〇〇里と一〇〇〇里では所在地が大きく異なります。これで邪馬台国までの行程を報告したことになるとは思えません。

さらに好意的に、不彌国の南に投馬国が、その南に邪馬台国が隣接していたと考えるとしても、投馬国の記事がこの説の成立をはばみます。

行程上、明らかに末盧国から不彌国までは陸行していますが、投馬国への行程には陸行が含まれないという齟齬が生じるのです。

このように(二)の「投馬国と邪馬台国への日数の起点は帯方郡である」という説には、解決できない多くの矛盾があります。成立は難しいと考えます。

陳寿は優れた歴史家と認められ、『三国志』も史書として高い評価を得ています。辺境の倭地について謎かけめいたことをするとは考えられません。誰もが一読して同じように理解できる記述をしたという前提で読むことが大事だと思います。

さて、では(三)の合計二ヶ月は一三〇〇里であるという説について見ていきます。

この考え方は、かなり早い時点から提示されていました。

根拠は明白です。魏志倭人伝は行程記事のまとめの一文として「帯方郡から女王国(邪馬台国)に至る道のりは一万二〇〇〇余里である」と記していました。

一方で、帯方郡から不彌国までの具体的な里数を記していました。その里数を合計すると一万七〇〇〇余里となります。

この二つの記事が整合していると考えると、帯方郡から邪馬台国までの一万二〇〇〇余里から、帯方郡から不彌国までの一万七〇〇〇余里を引いた一三〇〇里(あるいは一三〇〇余里)が不彌国から邪馬台国までの距離であるということになります。

これで、二ヶ月と一三〇〇里がイコールであると万人が信じられれば、何の問題もありませんでした。しかし、この二つがイコールになるとは認められませんでした。

魏志倭人伝で用いられている尺度は一里約七〇メートル（筆者推定）でした。先学の想定でも、ほぼ五〇メートルから一〇〇メートルの範囲内に収まります。

一里七〇メートルで換算しますと、一三〇〇里は九一キロメートルとなります。二ヶ月かけて移動する距離としてはあまりにも短すぎるのです。

それに、比較の対象が、「各国経由の行程記事」と、「行程記事のまとめの一文」の二つだけというのも信頼性に乏しいと見なされたのだと思います。この「二ヶ月イコール一三〇〇里」という考え方は次第に説得力を失って現在に至っています。

しかし、今回、これにもう一つの判断材料を加えることができます。

それは「周旋」の読み方から得られるものです。

周旋は「ぐるっと一周」と読むのではなく、「巡り歩く」というふうに読まなければならないことは第四章で検証しました。

そこから導かれた結論は、狗邪韓国から邪馬台国までの道のりの距離が五〇〇〇余里であるというものでした。これに、行程記事の記す帯方郡から狗邪韓国までの七〇〇〇余里を加えると一万二〇〇〇余里となります。見事に行程記事のまとめの一文と整合することになるのです。

これが何を意味するかと言うと、従来二つのデータの比較でしかなかったものが、三つのデータに増え、そのうちのふたつがぴたりと整合するということは、残る一つもそれに整合する可能性が高いということです。

魏志倭人伝中には、(a)各国経由の行程記事、(b)行程記事のまとめの一文、(c)周旋から導かれる総距離という、帯方郡から邪馬台国までの距離に関連した三つの記述がありますす。このうち、(b)と(c)が「帯方郡から邪馬台国までは一万二〇〇〇余里」で一致するなら、「(a)の合計も一万二〇〇〇余里という認識のもとで叙述されたであろう」蓋然性が高いのです。

そして、それは「二ヶ月は一三〇〇里である」という考え方に改めて光を当て、強い説得力を持って再登壇させることに繋がります。

要約すれば、魏志倭人伝内の記述が矛盾のないものであったと仮定すれば、「二ヶ月は一三〇〇里である」と考えるのが最も合理的な読み方だと言えるのです。

しかし、第二章でも確認したように二ヶ月＝一三〇〇里が常識的に考えて不自然であることは認めざるを得ません。

ここでは、日数表記に対する考え方の結論を記すにとどめて、別の視点から魏志倭人伝を見ていくことにします。

魏志倭人伝が抱える多くの疑問点

魏志倭人伝を読んでいくと、いくつか不可解な疑問点が浮かび上がってきます。それについて見ていきます。

(一)二ヶ月を一三〇〇里と考えざるを得ない記述

まず一つ目として、いま確認した「なぜ二ヶ月をわずか一三〇〇里と考えざるを得ない記述となっているのか」ということを挙げておいて、次を見ていきましょう。

(二)不彌国以降の「道里」を記していないという矛盾

道里については第二章で詳細な検証を行いました。道里という用語は、『三国志』完成の直前に裴秀（はいしゅう）という人が完成させた『禹貢地域図（うこうちいきず）』の序文で明確に定義されていました。それは、「A地点からB地点まで人が歩いた（進んだ）道のりの距離のことであり、必ず里数で表されるものである」というもので、「日数は道里ではない」という結論に至りました。日数を計ったデータをどれほど集めても精確な地図は作れないからです。

その定義に従って、日数は道里ではないとすると、魏志倭人伝に不可解な一文が見つかります。それは、不彌国から投馬国、投馬国から邪馬台国への日数を記した直後の文章です。

自女王国以北其戸数道里可得略載　其余旁国遠絶不可得詳

（訳）ここまで記してきた女王国（邪馬台国）より北の国々については戸数・道里を記載できたが、その行程の傍らにある国々については遠く離れていたり隔絶されているので詳細はわからない。

不彌国から投馬国への行程と投馬国から邪馬台国への行程についても、「道里を記載できた」と明言しています。

しかし、日数が道里ではないとすると、道里は記載できていないことになります。わずか数行の間に明らかな矛盾を含んだ記述をしているということになるのです。

現代文にするとわかりやすくなります。東京から大阪への行程を例にします。

・東京から横浜までは三〇キロメートルである。
・横浜から静岡までは一四〇キロメートルである。
・静岡から浜松までは八〇キロメートルである。
・浜松から名古屋までは一〇〇キロメートルである。
・そして、名古屋から京都へは一日かかる。
・京都から大阪へは一〇時間かかる。
・以上のように、東京から大阪までの距離を記すことができた。

現代文にしてみますと、名古屋から京都への一日、京都から大阪への一〇時間という表記の違和感が際立ちます。報告書において、このような行程の報告の仕方が通用するとは思われません。

ですから、この道里を記せたと書いている文章は明らかに不自然だと言えるのです。このように、二つ目の疑問点は、不彌国以降の「道里」を記せたと書いているにもかかわらず、不彌国以降の「道里」を記していないという矛盾がなぜ生じたのかということです。

次の疑問点は、なぜこの不自然な日数表記に裴松之の注が付いていないのかということです。

(三)裴松之の注が付されていない不可解さ

これはかなり重要なことだと思われますが、邪馬台国論争の原因となっているこの不自然な日数表記に裴松之が注を付けていません。

裴松之は『三国志』に陳寿の原文と同じほどの膨大な注釈を付けて、四二九年に宋の文帝に献上します。陳寿の『三国志』原文は、明瞭正確で優れた史書とされますがやや簡略すぎるところがあるとも言われています。そこで、裴松之は参照できるあらゆる文献を用いて、陳寿の書き洩らしていることや異聞を書き足し、誤りは正し、加えて自身の論評などを付け加えています。

しかし、その裴松之が魏志倭人伝に付けた注釈は、二ヶ所にとどまっています。ひとつは、倭人は酒好きであるという一文に付けられた、倭人は暦を知らないという『魏略』からの引用であり、もうひとつは皇帝から卑弥呼に下賜された織物のひとつである絳地交龍錦の「地」という文字が「綈」の誤りではないかという裴松之自身の論評です。

常識的に考えれば、この二ヶ所よりも明らかに違和感が際立っている日数表記に何らかの注釈が付いてよいはずです。

後世の『隋書』は、〈夷人不知里数　但計以日〉（倭人は里数を知らず、日をもって計る）と書いています。魏志倭人伝の日数表記が倭人の口述に基づくものだと考えられるのであれば、『隋書』のような注釈を付けるのが適当だと思われますし、さらに進めてそれがどれほどの里数であるのかまで言及するのではないかと思われます。

また、この行程記事の里数と、まとめの一文に表れる一万二〇〇〇余里について、現代の私たちが考えるように整合しないのではないかと考えるのであれば、魏志倭人伝中に唐突に出現することになる一万二〇〇〇余里というものについて、その出典や経緯が注として付けられるべきではないかと思います。

すなわち、不自然な日数表記を、なぜ裴松之が不自然なまま放置しているのかというのが三つ目の疑問点です。

大きな疑問点はこの三点ですが、あと二つ挙げておきます。

(四)旁国(ぼうこく)が「遠」絶とされている点

四つ目は、なぜ旁国は「遠絶」とされているのかということです。

旁国の「旁」とは「かたわら」とか「そば」という意味ですから、旁国は邪馬台国に到着するまでの行程の傍らに点在した国々だと考えられるということを、第二章で確認しました。

すると当然のことながら、末盧国や伊都国、奴国、不彌国からそう遠くない地域にも存在したと考えられます。

そういう旁国が「遠い」という字を用いて遠絶だと記されていましたが、魏志倭人伝は一方で、邪馬台国は不彌国から二ヶ月も遠方にあったと述べています。

本章の冒頭でも触れましたが、二ヶ月あれば日本中のどこへでも行くことができます。そういう遠方まで足を運んだ人が、末盧国や伊都国の近辺にあった国を、遠い国だと言うだろうかという疑問です。

（五）不彌国から邪馬台国への経由国が投馬国のみである点

五つ目の疑問点は、不彌国から邪馬台国に至る二ヶ月の行程において、なぜ経由国が投馬国だけなのかということです。

魏志倭人伝は、不彌国までの経由国はもれなく記述しているように読めます。ところが、不彌国から邪馬台国までの二ヶ月間で経由した国は投馬国一国しか記されていません。

果たして、投馬国に寄る以外は無補給で進んだのか、あるいは経由国を記述できない理由があったのか、またあるいは投馬国が著しく巨大な国域を持つ国だったのか。いずれにしても二ヶ月間の経由国が投馬国だけというのはとても不可解です。それが五つ目の疑問点と言えます。

以上、魏志倭人伝に関する五つの疑問点を見てきました。

いかにも不可思議な疑問点ですが、これらは魏志倭人伝が書いている文章を客観的に読み解いた結果から出てきたものです。邪馬台国を探求しようとする人すべてが認めざるを得ないものばかりです。

それを解いていかないと邪馬台国を見つけることはできません。そういう意味では、これらの疑問は仮説を立てる際のチェックポイントと言えるかもしれません。

【新説】魏志倭人伝後世書き換え説
《すべての疑問を解消する仮説》

ここからは、これらの疑問を解消する仮説を述べたいと思います。おそらく、皆さんがえっと驚かれるような単純明快な説です。

ひと言で言いますと、「陳寿が二八〇年代に完成させた『三国志』原本には、不彌国から邪馬台国に至る具体的な里数が記されていた」と考える説です。

もちろんその里数の合計は一三〇〇里です。

例えば、その原本の記述がこのようだったらどうでしょうか。

南至投馬国　水行「五百里」　官曰彌彌副曰彌彌那利可五万余戸

南至邪馬台国　女王之所都　水行「五百里」陸行「三百里」　官有伊支馬次曰彌馬升次曰彌馬獲支次曰奴佳鞮　可七万余戸
自女王国以北　其戸数道里可得略載　其余旁国遠絶不可得詳

これは仮の数値ですが、不彌国から投馬国まで水行五〇〇里、投馬国から邪馬台国まで水行五〇〇里・陸行三〇〇里と書かれていたとします。

すると、不思議なことに先ほど列挙した疑問点はすべて解消されるのです。

一つずつ見ていきましょう。

まず、(二)の「なぜ二ヶ月を一三〇〇里と考えざるを得ない記述になっているのか」ということについては、もともと一三〇〇里と書かれていたのであれば、疑問の生じる余地はなくなります。

先に見た三つの記述、「各国経由の行程記事の合計里数」および「行程記事のまとめの一文の里数」「周旋の解釈から導かれる合計里数」がすべて同じ一万二〇〇〇余里となります。もちろん、一三〇〇里と二ヶ月との整合性は考える必要さえなくなります。

つまり、疑問など最初からなかったということになるのです。

(二)の「不彌国以降の道里を記していないにもかかわらず、なぜその直後に道里を記すことができたと書いているのか」という疑問についても、実際に不彌国以降の「道里」(里数を意味します)も記しているわけですから、「道里を記すことができた」と書いて何の不自然もないということになります。

(三)の「裴松之がなぜ魏志倭人伝の不可解な記述に注釈を付けなかったのか」ということについても、各国を経由していく行程記事の合計が一万二〇〇〇余里であれば、まとめの一文や周旋から導かれる合計里数と一致し、何の齟齬もない明瞭な記述となり、注を付ける蓋然性はなくなります。裴松之が陳寿の『三国志』魏志倭人伝を読んで何ら不可解なところ、注釈を付けるべきところを見いだせなかったので付けなかったのだと推察できるようになります。

(四)の「旁国がなぜ『遠い』という文字を用いて遠絶とされているのか」については、不彌国から邪馬台国までわずか一三〇〇里、九州島の末盧国に上陸してからでもわずか二〇〇〇里の移動距離から見て、旁国の多くが遠く感じられたと考えれば理解できます。

（五）の「なぜ二ヶ月もかかる不彌国から邪馬台国までの行程の経由国が投馬国一国だけなのか」についても、じつは二ヶ月などという長丁場ではなく、わずか一三〇〇里の行程であったとすれば、その間の経由国が投馬国ただ一つであっても別段おかしくはありません。

このように、陳寿の『三国志』原文が不彌国から邪馬台国までの行程を合計一三〇〇里の里数で記していたと仮定すれば、魏志倭人伝の行程記事に何ら矛盾は生じないということになります。すなわち、現在の邪馬台国論争の原因となるような記述は何ひとつないということになるのです。

この説は、一見かなり乱暴な説であるように見えるかもしれません。

しかし、魏志倭人伝の原史料が梯儁の復命報告書であり、梯儁たちが邪馬台国まで行って卑弥呼に面会したのだとすれば、不彌国までの行程と同様、不彌国から投馬国、投馬国から邪馬台国への里数を計測していないはずがないのです。実際に徒歩や船で移動したのですから、具体的な里数を身をもって知っています。

そうであれば、必ず報告書に書いたはずです。よほどその里数を隠さなければならない理由がない限り、日数表記ではなく具体的な里数を記すと考えられます。逆に、記さないほうがおかしいとさえ言えます。

そのため、この説が成立する可能性は十分にあると考えます。

《魏志倭人伝後世書き換え説》

不彌国から邪馬台国までの行程記事に合計一三〇〇里の里数が記されていたとすれば、魏志倭人伝は疑義を差しはさむ余地のない明快な文章になります。

しかし、現在私たちが目にする魏志倭人伝ではその部分は合計二ヶ月の日数表記になっています。それは事実です。

陳寿が具体的な里数を記していたとするならば、『三国志』が完成した二八〇年代から紹興本（しょうこうぼん）、紹熙本（しょうきぼん）という版本が刊行される一二世紀までのどこかの時点で、里数が日数に書き換えられたと考えざるを得なくなります。書き換えられなければ、決して現在の魏志倭人伝の文面にならないからです。

筆者はこの説を「魏志倭人伝後世書き換え説」と呼んでいますが、広く納得いただける仮説として成立させるためには、書き換えの時期、書き換えられた理由とその経緯を明らかにしなければなりません。以下、それについて述べていきます。

《書き換えられた時期と理由》

まず、いつ、なぜ書き換えられたのかについてです。

時期は、中国南北朝の宋の時代だと推測しました。宋は四二〇年から四七九年に存在した国です。

そして、書き換えの直接的な原因は、四三〇年代に完成した『後漢書』の誤認によって邪馬台国の位置が観念上南に約六〇〇キロメートル移動してしまったことにあると考えました。

『後漢書』は范曄が四三二〜四三七年ごろに完成させた中国の正史のひとつですが、倭人のことを書いた『後漢書』倭伝においては、魏志倭人伝の内容を杜撰に引用・要約していて、多くの誤認が認められることを第三章で確認しました。

そのひとつが邪馬台国の位置についてでした。それは、「会稽東治」と「会稽東冶」

についての検証で明白になりました。

魏志倭人伝は邪馬台国の位置を「会稽東治」の東、夏の少康の子が報じられた会稽地域の東の治所の東、現在の江蘇省蘇州市の東、辿っていけば鹿児島県鹿屋市付近の緯度にあるとしています。しかし、『後漢書』倭伝は邪馬台国の位置を「会稽東冶」の東、会稽郡東冶県の東、現在の福建省福州市の東、辿っていけば沖縄県那覇市付近の緯度にあると誤認していました。

当時、この『後漢書』倭伝の誤認に気づいた人がいたかどうかは不明ですが、『後漢書』自体は評価が高く、皇帝文帝のお墨付きを得て急速に普及していきました。

すると何が起きるかというと、二〇〇年ほど前に東方の辺境の地にあった邪馬台国という国は、現在の沖縄辺りの緯度にあった国だという認識が定着していくのです。それは、陳寿が范曄の一五〇〇年前に正しく記していた邪馬台国の位置から約六〇〇キロメートルも南に、観念上の所在地が移動してしまうことを意味します。

このように簡単に移動してしまった要因のひとつは、『後漢書』倭伝には邪馬台国までの行程記事がないということが挙げられます。

魏志倭人伝は帯方郡から邪馬台国に至る経由国と里数を詳細に記していますが、『後漢書』倭伝はそれを放棄してしまっています。経由国が後漢時代の国々ではなく三国時代のものと判断されたとも考えられますが、邪馬台国の位置だけを記しています。「楽（らく）浪（ろう）郡の郡の境から邪馬台国までは一万二〇〇〇里で、だいたい会稽東冶の東にある」という一文のみです。

その一文から、それが正しいかどうかを検証することはできなかったのだと思います。

しかし、『後漢書』の急速な定着にともなって邪馬台国の位置が南へ六〇〇〇キロメートルも移動してしまうと、困った問題が発生します。

『三国志』の写本において、魏志倭人伝の記述と『後漢書』倭伝の記述に大きな食い違いが露見するのです。

陳寿の魏志倭人伝の行程記事は、不彌国から邪馬台国までを一三〇〇里と記していますが、不彌国（現在の博多駅付近）から南へ一三〇〇里ではどうあがいても沖縄のような南方には行き着かないのです。

そこで、『三国志』魏志倭人伝の写本の際に、当時の常識となってしまった『後漢書』

倭伝の記す邪馬台国の位置と齟齬を来さないために書き換えが行われたのだと考えます。

実際に書き換えなどが行われるものなのかと疑問を持たれるのは、極めて自然なことだと思います。

《『三国志』が書き換えられた実例》

魏志倭人伝には、二八〇年代の完成時から現存する最古の版本といわれる一一〇〇年代の紹興本の刊行まで八〇〇年以上にわたって写本の時代がありました。

もちろん、各王朝の書庫で保管され厳格な管理の下で行われる写本については、いい加減な書き換えなどはなかったでしょうし、誤字・脱字も最小限のものだったと思います。しかし、紹興本など版本の底本が必ずしもそういうものばかりだったとも限りません。長い期間のなかでは戦乱などで散逸した部分は秘府収蔵以外の書物から採録し直された可能性も考えられるでしょう。

また、いかに正史とは言っても、中国では異民族による征服や建国なども経ています。直接書き換えの指示はなかったとしても、無言の政治的圧力や政権への忖度(そんたく)などもあっ

図20　敦煌出土『三国志』「呉書」巻第七の歩騭伝（一部）

解患難書數十上權雖不能悉納其然時采其
言多蒙濟賴赤烏九年代陸遜為丞相猶誨育
門生手不釋書被服居處有如儒生然門內
妾服飾奢綺頗以此見譏在西陵廿年鄰敵
其威信性寬和得衆喜怒不刑於聲色而內
然十一年卒子協嗣統騭所領撫軍将軍協卒
子璣嗣侯協弟闡繼業為西陵督加昭武将軍
封西亭侯鳳皇元年召為繞帳督闡累世在西
卒被徵命自以失職又懼有讒禍於是據城請降
於晉遣璣弟璿詣洛陽為任晉以闡為都督西
陵諸軍事衛将軍儀同三司加侍中假節領交州
牧封宜都公璣監江陵諸軍事左将軍加散騎常
侍領廬江大守改封江陵侯璿給事中宣威将軍
封都鄉侯命車騎将軍羊祜荊州刺史楊肇往
赴救闡孫皓遣陸抗西行祜等遁退抗陷城禽
斬闡等步氏泯滅惟璿紹祀
潁川周昭字恭遠与韋曜華覈薛瑩並述呉書
稱步騭嚴畯諸葛瑾顧邵張承曰古今賢士
大夫所以失名喪身傾家害國者其由非一然要
其大歸總其常患四者而已急論議一也爭名勢
二也重朋黨三也務欲速四也急論議則傷人爭
名勢則敗友重朋黨則蔽主務欲速則失德此四者
不除未有能全者當世君子能不然者亦皆比肩有
之豈獨古人乎然論其絶異未若顧豫章諸葛使
君步丞相嚴衛尉張

※中国敦煌研究院創立五〇周年記念『「砂漠の美術館—永遠なる敦煌」展図録』（朝日新聞社　1996）収載の『三国志』歩騭伝（敦煌研究院〇五五四号）をもとに作成

たはずです。

そのため、無批判に書き換えを認めるわけではありませんが、相応の理由があれば書き換えの可能性は肯定し得るのではないかと考えています。

それを証明する一つの例もあります。

図20は、敦煌（とんこう）の莫高窟（ばっこうくつ）から二〇世紀初頭に発見されたといわれる『三国志』「呉書」巻第七の歩騭伝（ほしつでん）の一部です。『「砂漠の美術館—永遠なる敦煌」展図録』（朝日新聞社）より書き起こしたものです。

このような写本には贋作説（がんさくせつ）が付き物ですが、検証できませんので本物という前提で考えます。

図21　現行『三国志』「呉書」巻第七の歩騭伝

解患難、書數十上。權、雖不能悉納、然時采其言、
多蒙濟頼。（裴松之注〈略〉※筆者）
赤烏九年、代陸遜、爲丞相。猶誨育門生、手不釋書、
被服居處有如儒生。然、門內妻妾服飾奢綺、頗以
此見譏。在西陵二十年、鄰敵敬其威信。性寛弘得衆、
喜怒不形於聲色、而外內肅然。
十一年卒、子協嗣、統騭所領、加撫軍將軍。協卒、
子璣、嗣侯。協弟闡、繼業爲西陵督、加昭武將軍、
封西亭侯。鳳皇元年、召爲繞帳督。闡、累世在西陵、
卒被徵命、自以失職、又懼有讒禍、於是據城降晉。
遣璣與弟璿、詣洛陽、爲任。晉、以闡爲都督西陵
諸軍事、衞將軍、儀同三司、加侍中、假節領交州牧、
封宜都公。璣、監江陵諸軍事、左將軍、加散騎常侍、
領廬陵太守、改封江陵侯。璿、給事中、宣威將軍、
封都鄉侯。命車騎將軍羊祜、荊州刺史楊肇、往赴
救闡。孫晧、使陸抗西行、祜等遁退。抗、陷城、
斬闡等。步氏泯滅。惟璿、紹祀。
潁川周昭著書、稱步騭及嚴畯等曰「古今賢士大夫
所以失名喪身傾家害國者、其由非一也。然、要其
大歸、總其常患、四者而已。急論議一也、爭名勢
二也、重朋黨三也、務欲速四也。急論議則傷人、
爭名勢則敗友、重朋黨則蔽主、務欲速則失德。此
四者不除、未有能全也。當世君子能不然者、亦比
有之、豈獨古人乎。然、論其絕異、未若、顧豫章、
諸葛使君、步丞相、嚴衞尉、張

※「三国志全文検索」サイトより引用（一部表示できない文字を筆者が改変）

そして、現在の『三国志』の原文は図21のようになっています。

この写本は、三一七～四二〇年の東晋（とうしん）時代のものであると推定されています。その根拠は二つあります。

ひとつは裴松之の注が付いていないことです。

右から二行目の〈多蒙済頼〉と〈赤烏九年〉の間に、現行の『三国志』では注が挿入されています。図21では便宜上省略していますが、『呉録（ごろく）』からの少し長めの引用文が付されています。しかしながら、写本にはそれがありません。

すなわち、裴松之が注を付ける四二九年

以前の写本である可能性が高いのです。

もうひとつは一〇行目の〈瑁〉という人名です。歩騭の子である協の子の璣の弟が瑁です。

この歩瑁は、現行『三国志』では〈歩璿〉となっています。これは、避諱という皇帝などの諱を使用するのを避ける慣習によるもので、東晋の元帝である司馬睿の「睿」を避けて、歩璿を歩瑁としたものと考えられます。

それが、東晋代の写本であるという証拠になるのです。

写本と現行本を対比させると、明らかに異なる部分がいくつも見つかりますが、図録の解説文（王恵民／勝木言一郎訳）で、〈あきらかにこの写本が正しいことがわかる。この点だけでも、この写本の価値の高さは誰の目にもあきらかである。〉と強調されるのは、一〇行目の〈遣璣弟瑁　詣洛陽　爲任〉（歩璣の弟の歩瑁を洛陽に向かわせ、人質とした）という一文です。

歩騭は赤烏九（二四六）年に陸遜のあとを継いで呉の丞相となります。しかし、翌赤烏一〇年に亡くなり、子の歩協があとを継ぎます。そして、歩協が亡くなったあと、子の歩璣が侯の爵位を継ぎ、〈歩協の〉弟の歩闡が西陵の任を継ぎ西亭侯に封じられます。

その歩闡ですが、鳳皇元（二七二）年に職を奪われるのを恐れて敵の晋に投降します。その際、現行『三国志』では、図21の一一行目〈遣璣與弟璿　詣洛陽　爲任〉（歩璣と**弟の歩璿を洛陽に向かわせ、人質とした**）とされます。

ここが写本と異なるのです。写本には「〜と〜」という意味を表す「與」という文字がありません。〈遣璣弟瑁〉（歩璣の弟の歩瑁を遣わし）となっていて、洛陽で人質となったのは、歩瑁（＝歩璿）一人であったと記しているのです。

史実を追いかけますと、歩闡は晋に寝返りますが、当然のことながら呉の孫晧が許すはずがありません。陸抗を将とした討伐軍を派遣して城を落とし、歩闡らを斬り殺してしまいます。〈歩氏泯滅　惟璿　紹祀〉（歩氏一族は全滅し、ただ一人歩璿のみが生き残り祭祀を継いだ）（現行本）と記されています。

この文は、写本と現行本で一致しています。これを信じると、洛陽にいて難を逃れたのは歩璿（＝歩瑁）のみです。現行本が語るように、歩璣と歩璿の兄弟が洛陽にいたとすれば二人とも生き残るはずです。しかし、そうはなっていません。

ですから、図版の解説文が語るように、写本のほうが真実を語っているということがわかるのです。

いつ、どんな原因でそういう文面になったのでしょうか。その経緯は不明ですが、「與」はわざわざ意図的に挿入されているのです。

「與」が抜け落ちたのなら単なる脱字と考えられます。しかし、写本者は明らかに「人質となったのは瑁（璿）だけでなく、兄の璣も一緒だった」と認識していたからこそ、「與」を追加したとしか考えられません。

それは後世の写本担当者の考えのもとに書き換えが行われたということを表しています。つまり、意図的な書き換えが行われているということなのです。

もう一つ、文章として大きく異なる部分が見つかります。写本と現行『三国志』を比べてみます。

潁川周昭字恭遠　與韋曜　華覈　薛瑩　並述呉書　稱歩騭　嚴畯　諸葛瑾　顧邵　張承

曰（写本　一七行目から）

（訳）潁川の周昭は、字を恭遠といい、韋曜、華覈、薛瑩と並んで『呉書』を撰述した。歩騭、嚴畯、諸葛瑾、顧邵、張承を称賛して次のように言っている。

潁川周昭著書　稱歩騭及嚴畯等曰（**現行『三国志』一八行目から**）

（訳）潁川の周昭は、書物を著して歩騭や嚴畯らを称賛して次のように言っている。

現行『三国志』は、東晋の写本を大幅に省略しているように見えます。いったいなぜ、これほど大きな変更が加えられたのでしょうか。

不思議に思いつつ、現行本を読み進めてみると、その理由がわかります。この記述に続けて、現行本は顧邵、諸葛瑾、歩騭、嚴畯、張承の五名が立派な人物であったと事例を挙げて称賛します。そして、その後に次の一文があるのです。

周昭者、字恭遠。與韋曜、薛瑩、華覈、並述呉書。後、爲中書郎、坐事下獄。覈表救之、孫休不聽、遂伏法云（※「三国志全文検索」サイトより）

（訳）周昭なる人物は、字を恭遠といい、韋曜・薛瑩・華覈らと並んで『呉書』を編んだ。のちに中書郎（ちゅうしょろう）となったが、事件に連坐して獄に入れられ、華覈が上表して彼を救おうとしたが、孫休（そんきゅう）はそれを聴き入れず、処刑されてしまったとのことである。（※『正史　三国志6』ちくま学芸文庫より）

写本で周昭を修飾する文言のうち、「潁川」以外の文言〈字恭遠〉（字（あざな）は恭遠）〈與韋曜　薛瑩　華覈　並述呉書〉（韋曜・薛瑩・華覈らと並んで『呉書』を編んだ）はすべて、この部分に移動させられていたのです。

写本の一文が、現『三国志』では二ヶ所に分けられたと言うほうが的確でしょうか。

残念ながら、写本ではこの部分まで残存していません。しかし、恐らく写本にはこの一文はないと推測できます。同じ文章をこれほど近い箇所で繰り返し記すことは考えられないからです。

では、二つに分けた理由は何でしょう。

それは、〈後、爲中書郎、坐事下獄。覈表救之、孫休不聽、遂伏法云〉という周昭のその後の人生を記すためとしか考えられません。

孫休の在位期間は二五八〜二六四年ですから、周昭の処刑もそのころだったはずです。『三国志』は二八〇年代の作ですから、史料に記録さえ残っていれば、『三国志』原本に記述されていてもおかしくありません。

しかし、ここまでの考察が正しければ、原因不明ながら原本には記述がなかった可能性が高いのです。そして、周昭処刑の記事は、東晋の写本がなされたあとに追加されたということになります。

すなわち、ここも意図的に書き換えられていると結論付けられます。

このように、陳寿の『三国志』原本は、正確な複写を厳命された状況下で、避けることのできない誤字・脱字によってのみ意に反した変更が加えられていったというわけではなく、後世の意志や意向によって能動的に追加や変更が加えられることがあったという可能性を否定できません。

ここに挙げた書き換えの事実は、魏志倭人伝後世書き換え説にとって強力な物証となってくれると考えています。

《書き換えの経緯を推論する》

では、どのような経緯で里数から日数に書き換えられたのかについて、時系列で推論していきます。

(一)『三国志』完成と空白の四世紀

まず二八〇年代に陳寿が『三国志』を完成させます。不彌国から邪馬台国への行程が、二ヶ月の日数ではなく一三〇〇里の里数で記されている『三国志』です。

その後、時代は四世紀に入っていきますが、中国の文献から倭国は姿を消してしまいます。「空白の四世紀」「謎の四世紀」などと呼ばれています。中国では華北が五胡十六国時代（三〇四～四三九年）に突入し、多様な民族・国家が乱立します。その混乱が、華南で長く続いた東晋（三一七～四二〇年）の記録に倭国のことが記されなかった原因かもしれません。

具体的には、西晋建国の翌年、二六六年に邪馬台国の壹与が遣使朝貢したあと、空白期間が始まります。次に言及されるのは四二一年、倭王讃が宋に遣使したという記事です。じつに一五〇年以上の時が流れています。

当然のことながら、その期間にも陳寿の『三国志』は写本を重ねます。魏志倭人伝も幾度となく書き写されたはずです。もちろん里数表記のままの写本です。

しかし、それとは裏腹に、中国の人々の倭国に対する認識は希薄なものになっていきます。この時期に、陳寿の想い描いていた明確な倭地のイメージは急速にぼやけていったと考えられます。

(二)倭王讃の遣使朝貢

四二〇年に宋が建国されると翌四二一年に倭王讃が遣使朝貢します。讃は続いて四二五年にも使いを送りますし、四三〇年にも誰が送ったのかは不明ですが、倭国王の遣使が『宋書(そうじょ)』に記されています。

先に見たように一五〇年以上という長い没交渉を経たあとの倭国からの遣使朝貢ですから、やって来た使いに対する詳細な事情聴取が行われたことは容易に想像できます。

倭王讃の使いはヤマト王権の本拠地である大和(やまと)から出発しています。ヤマト王権の状況や遣使たちの行程など、その聴取内容は詳細に記録されたはずです。この記録も書き換えに大きな影響を及ぼしたと考えられますが、それについては後述します。

まさにそのような時代に、それまで写本を重ねていた陳寿の魏志倭人伝にとって大きな出来事が起こります。

(三)裴注版（はいちゅうばん）『三国志』の登場

四二九年に宋の皇帝文帝の命を受けた裴松之が『三国志』に注釈を付けて献上します。じつに一五〇種類以上の文献を引用した膨大な注釈です。

現行の『三国志』には、この裴松之の注が付いています。

それが何を意味するかと言うと、『三国志』はこの四二九年に裴松之注釈版『三国志』(以下、裴注版『三国志』)として新たなスタートを切るということです。

一方、それ以降は陳寿のオリジナル版『三国志』は写本されなくなりますから、歴史の闇のなかに埋もれていくことになります。

ただし、ここで確認しておきますが、裴松之は魏志倭人伝の日数表記に注釈を付けていません。裴松之が日数表記を目にしたなら必ず注釈を付けるだろうという前提で考えると、この時点では魏志倭人伝にはまだ里数表記がなされていたと推測できます。

つまり、四二九年に文帝に進上された裴注版『三国志』は、不彌国から邪馬台国までの行程を一三〇〇里の里数で記していた可能性が高いのです。

(四)『後漢書』の完成

裴注版『三国志』の登場からまもなく、『後漢書』が完成します。四三二年から四三七年ごろのことです。『三国志』の新たなスタートの直後です。長い歴史から見るとまさに同時期といってよいタイミングです。

この『後漢書』が大きな問題を引き起こします。

『後漢書』倭伝の誤認によって、邪馬台国の観念上の位置は約六〇〇キロメートルも南に移動させられたのです。

一三〇年以上も前に没した陳寿に反論することはできません。『後漢書』は皇帝文帝のお墨付きを得て普及していきます。

それは、約二〇〇〇年前に東の辺境の地にあった邪馬台国という国は、どうやら会稽郡東治県の東、現在の沖縄県辺りの緯度にあったようだという認識が、とりわけ知識人や役人のなかに定着していくということを意味します。

(五)『三国志』写本における難題

すると、裴注版『三国志』の写本において問題が発生します。

その問題とは、魏志倭人伝の記す行程記事を里数通りに辿っていっても、『後漢書』倭伝が記し、新たに観念上の位置を規定した邪馬台国に到達できないということです。

当時の宋の役人は、朝鮮半島についてかなり確かな地理観を持っていたと思われます。それは、前王朝の東晋時代から百済(くだら)が繰り返し遣使朝貢を行っていたからです。表3のように頻繁に交渉しています。

それゆえ、『三国志』韓伝の記す「韓国は方四〇〇〇里」だというサイズ感は理解できていたはずです。さらに、対馬海峡についても比較的明確な地理観があったかもしれません。対馬海峡を渡る里数は合計三〇〇〇余里です。

表3　東晋・宋と百済の交渉（372～450年）

372年正月	遣使朝貢
373年2月	遣使朝貢
379年3月	遣使（失敗）
382年9月	東夷五国が遣使朝貢
386年4月	（余揮に賜号）
406年2月	遣使朝貢
416年是歳	遣使朝貢・余映に賜号
〈420年6月 東晋滅亡 → 宋建国〉	
420年7月	余映を進号
424年是歳	遣使朝貢
429年7月	遣使朝貢
430年是歳	遣使朝貢・余毗に賜号
440年是歳	遣使朝貢
443年是歳	遣使朝貢
450年是歳	遣使・『易林』『式占』を賜与

そのような地理観で魏志倭人伝の行程を辿っても、会稽東治の東にある沖縄県のような南の地域には決して辿り着けないのです。

この時点で『後漢書』の誤認に気づいた役人もいたと思いますがあとの祭りです。いまさら皇帝のお墨付きをもらって広く普及した『後漢書』に異議を唱えたり、改訂することなどは不可能だからです。

㈥両書の矛盾を解決する「書き換え」

写本担当者たちはこの矛盾を解決するための方策を練ったと思います。しかし、これはかなりの難問なのです。

まず思いつくのは、単純に里数を増やすことです。対象となるのは南への行程ですから、対馬海峡を渡る行程と不彌国から邪馬台国に至る行程の二択です。ある程度地理観のある対馬海峡は避けられ、不彌国から邪馬台国への行程が選ばれるのは必然です。

そして、例えば不彌国から邪馬台国に至る南への行程を四〇〇〇里や五〇〇〇里に延ばせば会稽東冶の東に邪馬台国を持ってくることは可能です。しかし、そうすると帯方郡から邪馬台国への総距離は一万五〇〇〇里や一万六〇〇〇里になってしまいます。

困ったことに『後漢書』の記している楽浪郡から邪馬台国までの里数と一致しなくなるのです。『後漢書』は、〈楽浪郡徼去其国萬二千里〉〈**楽浪郡の郡境はその国〈邪馬台国〉から一万二〇〇〇里である**〉と記しています。

結論として、この「一万二〇〇〇里」を動かすことができない以上、魏志倭人伝の里数を増やすことはできないのです。

里数を増やすこともできずに、写本担当者たちは相当に知恵を絞ったのだと思います。

そして、良い方策を思いつかないながらも、『三国志』と『後漢書』の矛盾を放置できない彼らの前に、非常に都合のよい文書が現れます。

それは、倭王讃の遣使を聴取した記録です。

そこには、倭国の都大和から宋の都建康（けんこう）までの行程が聞き取られていたはずです。それが里数ではなく日数で記されていたと推測できないでしょうか。

もちろん当時の倭国には倭国の長さの尺度があったと思います。しかし、空白の四世紀の期間に西晋および東晋と倭国の間に正式な交渉がなかったとすると、両国の尺度が異なるものだったとしても不思議ではありません。

すると、聴取の際に同じ距離感を共有することができませんから、倭王讃の使者が日数で答えるか、あるいは宋の役人が日数を聞くことは十分に考えられます。筆者の臆測になりますが、聴取記録には倭国の都大和から魏志倭人伝の不彌国に当たる福岡平野までの所要日数が二月（二ヶ月）と書かれていたのではないでしょうか。

写本担当者がその聴取記録の「二月」を見れば、即座に日数表記を採用するのは当然のなりゆきです。なぜなら、日数表記であれば、帯方郡から邪馬台国までの総距離数一万二〇〇〇余里を具体的に増やすことなく、イメージ的には邪馬台国の位置を南へ大きく移動させることができるからです。

陳寿の原本に書かれている一三〇〇里を二ヶ月という日数に書き換えることにより、現在私たちが感じるような明らかな違和感が生じたとしても、それはあくまでも違和感であって、絶対的な誤りではないのです。日数によって進める距離というのは、読者の判断に委ねられる曖昧なものだからです。写本担当者は、そういう日数表記のメリットに目を付けたのだと考えます。

以上のような経緯によって、陳寿が『三国志』原本に記していた正確な里数が、現行『三国志』の曖昧な日数に書き換えられたというのが、「魏志倭人伝後世書き換え説」です。

実際に書き換えられた写本の時期は、『後漢書』が普及していった五世紀半ばから四七九年の宋滅亡までの間、裴注版『三国志』にとってはごく初期の写本においてだったのではないかと推測します。

そうであれば、里数の書かれた裴注版『三国志』もほぼ人目に付くことなく歴史の闇のなかに消えていったことも納得できるからです。
そして、その後は日数に書き換えられた改訂・裴注版『三国志』と言えるものが、正式な『三国志』として後世に伝わっていくことになります。

この魏志倭人伝後世書き換え説は、現状ではこれ以上の論拠を示すことのできない仮説です。実際に裴松之が注釈が付ける前の写本の魏志倭人伝部分が出土して、そこに里数が記されていない限り証明しようがありません。

しかし、仮にそうであったとすれば、陳寿が二八〇年代に撰述した『三国志』魏志倭人伝は、いわゆる「邪馬台国論争」など起きようのない明快な記述だったということになるのです。

第七章

邪馬台国への一三〇〇里

【推理】邪馬台国への方程式3y+z=13を解く

※本章は『邪馬台国は熊本にあった!』(扶桑社新書)の内容を新たな見解も加えてまとめ直したものです。

二八〇年代に陳寿が完成させた魏志倭人伝が、不彌国から邪馬台国への合計一三〇〇里の里数を記していたとすれば、それは具体的に何里だったのか？　それは誰もが知りたい答えだと思います。

本章では、それを推理してみます。そして、得られた里数を進むことによって卑弥呼の都があった邪馬台国を目指します。

【推理】邪馬台国への方程式3y+z=13を解く

《日数から里数への復元は可能なのか？》

では、不彌国から投馬国への〈水行二十日〉、投馬国から邪馬台国への〈水行十日陸行一月〉という日数について、里数への復元を試みます。いったい、陳寿は邪馬台国までの里数を何里だと書いていたのでしょうか。

まず、里数がどのような手法で日数に書き換えられたのかを考えます。

例えば、A地点からB地点まで一〇〇〇キロメートル、B地点からC地点まで二〇〇〇キロメートルという距離を、一月（三〇日）に割り振る場合、どのようにするでしょうか。

元の距離を絶対にわからないようにしたいという意図があれば、A地点からB地点までを一五日、B地点からC地点までも一五日というふうに均等割することも考えられないことはありません。

しかし、とくにそのような意図を持たない普通の人間が書き換える場合、距離の比率に応じた日数に割り振るのではないでしょうか。つまり、A地点からB地点までを一〇日、B地点からC地点までを二〇日というふうにです。

本書では不彌国から邪馬台国までの行程について、『後漢書』の誤認によって邪馬台国が大きく南へ移動させられ、陳寿が魏志倭人伝に記した里数と整合性がとれなくなったために、基準の曖昧な日数に書き換えられたと想定しています。だから、そこに元の里数を隠すという意図はなかったと考えられます。逆に元の里数を連想させるように割り振ったとも考えられます。

そうであれば、里数の復元が可能だということになります。

《邪馬台国への方程式を立てる》

いま、私たちが見る魏志倭人伝の文章はこのようになっています。

（不彌国から投馬国）　南至投馬国　水行二十日

（投馬国から邪馬台国）　南至邪馬台国　女王之所都　水行十日陸行一月

この日数の記されている箇所に、陳寿は具体的な里数を記していたと考えました。それを二〇日＝x里、一〇日＝y里、一月＝z里とします。

その合計里数は一三〇〇里でしたから、数式化すると次のようになります。

$x + y + z = 1300$

では、倭人伝の記事からほかに何が見えるでしょうか。

xとyは同じ水行です。そして、二〇日のxは一〇日のyの二倍です。

つまり、$x = 2y$ということになります。これを先ほどの式に代入します。

$2y + y + z = 1300$となり、

$3y + z = 1300$という式になります。

さらに、魏志倭人伝の里数は一〇〇里単位で記されていますから、一〇〇里単位の式にすると、最終的に次の方程式が出来上がります。

$3y + z = 13$

《条件を与えて解を求める》

$3y + z = 13$という方程式のyとzは自然数であると条件付けることができます。ここまでくるとあとは簡単です。yとzの組み合わせはこの四つしかありません。

(1) $y = 1$　$z = 10$
(2) $y = 2$　$z = 7$
(3) $y = 3$　$z = 4$
(4) $y = 4$　$z = 1$

さらに、ここでもうひとつ、水行と陸行で得られる距離を条件化することができます。一日に進める距離の違いです。これについては、陸行より水行のほうが長くなることが明らかです。すると、水行二〇日と水行一〇日を合計した水行三〇日は、陸行一月＝陸行三〇日より長いということになります。

それはつまり、$3y > z$ということです。

四つの組み合わせのうち、$3y > z$が当てはまるのは、(3)と(4)です。(1)と(2)は除外できます。

では、この(3)と(4)を倭人伝の里数に戻してみましょう。

(3)水行二〇日＝六〇〇里、水行一〇日＝三〇〇里、陸行一月＝四〇〇里
(4)水行二〇日＝八〇〇里、水行一〇日＝四〇〇里、陸行一月＝一〇〇里

(4)については、かなり極端な数字となりました。水行三〇日で一二〇〇里進むのに対して、陸行三〇日で一〇〇里しか進まないということになります。

水行速度が陸行速度の一二倍です。

当時の道路状況や山道などを想定して、陸行速度を時速二キロメートルほどと仮定しても、水行速度は時速二四キロメートルとなります。これは、現代のようにエンジンの

ない船には不可能な速度です。ですから、(4)の解は成立しないと判断できます。

残るのは(3)の解だけです。水行は陸行の二倍程度の速度という妥当な線に収まっています。

以上の考察から、正解は(3)ということになります。

すなわち、陳寿が二八〇年代に完成させた『三国志（さんごくし）』魏志倭人伝には、不彌国から邪馬台国への行程はこのように書かれていたと推理できるのです。

南、投馬国に至る。水行六〇〇里。

南、邪馬台国に至る。女王の都するところ。水行三〇〇里陸行四〇〇里。

この推理は、前提が「魏志倭人伝後世書き換え説」であり、書き換えに関与した人物が悪意を持っていなかったという仮定も必要です。その証明は難しく、多くの反論も予想されます。

しかし、筆者は魏志倭人伝内の数々の矛盾を解消するこの里数こそが真実であり、日数への書き換えが現在の邪馬台国論争の原点であろうと考えています。

では求められた里数にしたがって、卑弥呼の都のある邪馬台国を目指しましょう。

不彌国から投馬国へ〈南至投馬国　水行六百里〉

魏志倭人伝は、不彌国から投馬国への行程を〈南至投馬国　水行二十日〉と記しています。そこに、いま求めた里数を当てはめると「南至投馬国　水行六百里」となります。「六百里」を一里約七〇メートルで換算すると、約四二キロメートルです。

そして、不彌国は、現在の博多駅南に広がる比恵・那珂遺跡群と比定しました。比恵・那珂遺跡群から南の方角へ水行して四二キロメートル進むと、果たしてどこへ到着するでしょうか。郡使の経路を辿っていきましょう。

不彌国からは「南へ水行」ですから、御笠川を南へさかのぼっていくことになります。当時の御笠川上流がどのような状態だったのかはわかりません。しかし、おそらく現在の太宰府市か筑紫野市の辺りで航行が困難になったものと思われます。

『まぼろしの邪馬台国』（講談社文庫）を著した宮崎康平氏は、博多湾から有明海につながる「二日市水道（ふつかいちすいどう）」を想定しています。それが真実であれば話は早いのですが、残念ながら一般的な見解とはなっていません。すると、御笠川上流のどこかで航行は困難になったと考えざるを得ません。

しかし、ここまでくるとすぐ先に宝満川（ほうまんがわ）の流れが見えています。陸路で船を運んだかもしれませんが、御笠川と宝満川をつなぐ水路が造られた可能性も想定できそうです。不彌国と比定した比恵・那珂遺跡群には運河と思われる水路の遺構が発見されていますし、遺跡中央部を南北に縦断する全長一・五キロメートルに及ぶ道路も見つかっています。その道路には側溝も掘られていました。

当時の人々の土木技術の水準でも、船を移動させるための水路であれば十分に築造可能だったようにも思えます。船は漕いでいかなくても、水路の両脇から曳（ひ）いていければよいわけです。

さて、御笠川から宝満川へ乗り換えて水行は続きます。当時の宝満川がどのように流れていたのか詳細は不明ですが、筑後川（ちくごがわ）に合流することは間違いありません。そして、筑後川は有明海に向かって流れていきます。

ここで邪馬台国時代の筑紫（つくし）平野の状況を考えなくてはなりません。

当時の海面は現在より数メートル高かったと考えられてます。いわゆる縄文海進と呼ばれる海面の高い時代のピークは約六〇〇〇年前といわれていますが、一八〇〇年前の邪馬台国時代でも、海面は現在より高い所にありました。

当時の海岸線の研究結果や、貝塚の分布、弥生遺跡の出土状況などを総合的に考えて、筆者は当時の筑後川の河口域は現在の佐賀県三養基（みやき）郡みやき町の西部、国道二六四号線が走っている辺りにあったのではないかと推測しました（図22）。

そして、ちょうどこの付近が不彌国から六〇〇里、四二キロメートルの辿り着く地域なのです。

投馬国は五万余戸の人口を抱える大国です。この数字を信じるなら福岡平野にあった奴国（なこく）の二万余戸の二・五倍です。相応に広い面積の国域を想定しなければなりません。それには筑紫平野がぴったりと当てはまります。当時、縄文海進の名残りによってかなりの部分が有明海の干潟だったと考えられますが、それでも奴国の二・五倍の人口を収容するのに十分な土地があったと思われます。

図22　当時の有明海と筑後川河口

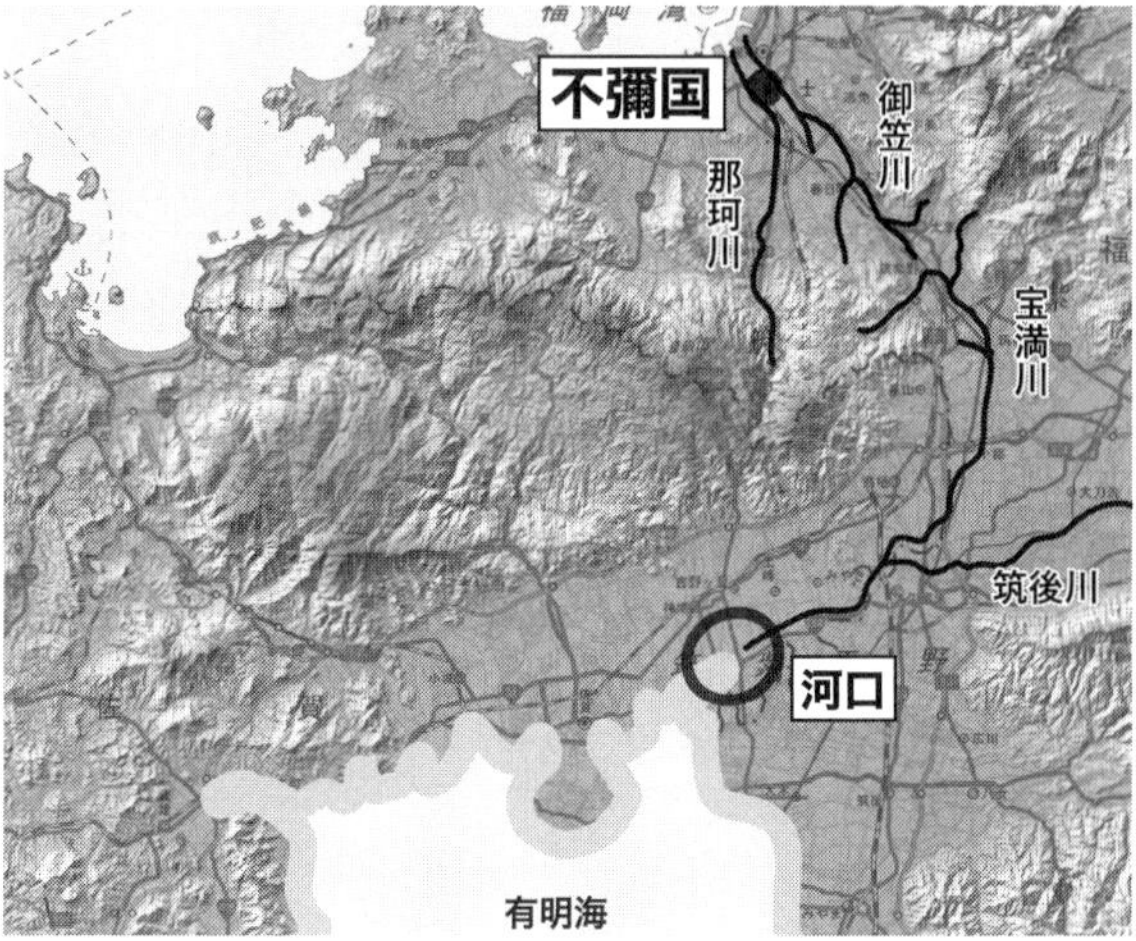

※海岸線は下山正一「有明海と佐賀低平地の成り立ち」（NPO法人有明海再生機構講演録）図版と地理院地図（電子国土Web）をもとに筆者が想定したものです

筑紫平野には非常に多くの弥生時代後期から終末期にかけての遺跡が存在します。弥生時代の絶え間のない戦いを経て小国が統合されていき、邪馬台国の時代には平野の大部分が「投馬国」域になっていたのではないでしょうか。すなわち、筑紫平野の拠点集落のネットワークこそが魏志倭人伝の記す投馬国だと考えてよいのではないでしょうか。

では、投馬国の中心集落はどこでしょう。魏志倭人伝に従えば、それは六〇〇里という里数の辿り着いた筑後川河口域にあったはずです。

ここは、末盧国（まつらこく）のあった現在の唐津（からつ）市から南下して佐賀平野方面を目指した人のルートと交わるところですし、外海から来る船にとっては有明海の湾奥に当たる交通の要衝です。そこに、彌彌（みみ）という官や彌彌那利（みみなり）という副官がいる中心集落があったとしても不思議ではありません。

そして、その集落を現在発見されている遺跡のなかに探るなら、最も可能性が高いのは吉野ヶ里（よしのがり）遺跡だと考えます。

吉野ヶ里遺跡はよく知られた遺跡ですから詳細は省略しますが、全国最大規模の巨大環濠集落です。最盛期は卑弥呼の時代より少し前のようですが、集落が継続して営まれていたのは確実です。当時の筑後川河口からは、北にわずか数キロメートルの所にありました。

吉野ヶ里遺跡は邪馬台国比定地としてもよく名前が挙がります。二〇〇九年に畿内の纒向（まきむく）遺跡で大型建物跡が見つかるまでは、邪馬台国の最有力候補地でした。しかし、魏志倭人伝の行程を辿るなら、邪馬台国ではなく、投馬国の拠点集落であった可能性が高いということになります。

すると、不彌国から投馬国への旅というのは、博多湾における交通の要衝から、有明海の交通の要衝への移動だと言えます。そして、この二地点が交易の拠点であったなら、郡使たちの進んだルートが当時の人やモノの移動における主要ルートだったはずです。

つまり、当時としては十分に整備され管理されたルートだったと考えられます。

投馬国から邪馬台国へ〈南至邪馬台国　水行三百里陸行四百里〉

さあ、いよいよ邪馬台国への最終行程です。魏志倭人伝は、投馬国から邪馬台国へは〈南至邪馬台国　女王之所都　水行十日陸行一月〉と記しています。

そこに、先に求めた里数を当てはめると「南至邪馬台国　女王之所都　水行三百里陸行四百里」となります。

「三百里」を一里約七〇メートルで換算すると約二一キロメートル、同様に「四百里」は約二八キロメートルとなります。合計で約四九キロメートルです。

投馬国の中心集落と比定した吉野ヶ里遺跡から出発しましょう。

有明海は日本で最も満潮と干潮の差が大きな海で、現在でも六メートルに及ぶこともあるようです。その原因は地形や地球のメカニズムによるもののようですから、当然、邪馬台国時代も干満差は大きかったと思われます。

郡使一行は早朝に満潮となる日を待って、船着き場を出発したのでしょう。その船は、当時の海岸線を左に見ながら南下したと思われます。進行方向の右手奥には島原の雲仙普賢岳、左手には広大な投馬国の集落の背後に耳納山地、正面には筑肥山地が見えていたはずです（図23）。


さて、投馬国からの水行距離は三〇〇里、約二一キロメートルです。

有明海を二一キロメートル南下すると現在の福岡県みやま市付近に到着します。

ここからは陸行ですから、上陸して邪馬台国を目指すことになります。

みやま市と邪馬台国と言うと、必ず言及されるのが女山神籠石です。女王卑弥呼と関連付けて語られますが、女山神籠石は後世の築造という見解が有力です。この考察での扱いは控えます。じつは、神籠石より魅力的な遺跡があるのです。

図23　水行三百里

※有明海北部の海岸線は、下山正一「有明海と佐賀低平地の成り立ち」（NPO法人有明海再生機構講演録）図版と地理院地図（電子国土Web）をもとに筆者が想定した海岸線

藤の尾垣添（ふじのおかきぞえ）遺跡という遺跡です。弥生時代前期から古墳時代後期末に至る複合遺跡で、弥生時代後期終末には拠点的な大規模集落を形成していたと考えられています。

　この遺跡では、弥生時代後期後半から終末期を主体として赤色顔料に関わる資料が出土していて、〈朱の保管・加工活動を通じ、他地域との交流を担う拠点集落であったことが推測され〉ています（福岡県教育委員会『藤の尾垣添遺跡Ⅲ　福岡県みやま市瀬高町山門所在遺跡の調査―集落編3・墳墓編―』）。

この遺跡付近も、交通の要衝として多くの人々の行き来があったと想定できます。すぐ近くまで有明海が迫っていたのは間違いありませんから、所在位置からみて郡使一行が藤の尾垣添遺跡を経由した可能性は高いと思います。

また、仮にこの一帯が独立した国であれば、魏志倭人伝の行程記事に経由国として記されるはずです。記されていないことから、藤の尾垣添遺跡は投馬国の集落だったと考えられます。あるいは、邪馬台国の領域がここまで及んでいたのだとすれば、邪馬台国の北の玄関と言える集落だったかもしれません。

さて、みやま市付近で上陸後は、陸行して邪馬台国を目指します。

上陸地点から南へ陸行というと、一本道です。障子ヶ岳と鷲ノ巣山の間を進むしかありません。現在の九州自動車道と国道四四三号線が走っているルートです。山はそれほど高くはなく、当時も比較的歩きやすい道だったと思われます。

その道を進むと、熊本県玉名郡南関町辺りで山を下る道が何本か現れてきます。現在の大牟田市や荒尾市、玉名市など海側に下る道です。もちろん、その地域にも邪馬台国時代の注目すべき遺跡は数多くあります。しかし、そこに七万余戸の邪馬台国を収容するスペースを見つけることはできません。当時、海進の影響が残り現在より陸地が少なかったと考えるとなおさらです。

すると、残るのは山鹿（やまが）市へ下っていくルートしかありません。九州自動車道とともに下るルートや国道四四三号線とともに下るルートなどいくつかあるように見えますが、すべて熊本平野に下る道です。

陳寿が魏志倭人伝の行程記事に記していたと推理した道里は、陸行四〇〇里です。みやま市で上陸して四〇〇里、二八キロメートルを陸行したとすると、到着するのは熊本県山鹿市です。多少範囲を広げても菊池（きくち）市西部、熊本市北区北部までです。

ここが、魏志倭人伝が記していた邪馬台国、郡使たちが報告書に記していた最終目的地である邪馬台国があった場所ということになります。

そして、五万余戸の投馬国の国域を筑紫平野全体と想定したように、七万余戸の邪馬台国にも相応の国域が必要です。すると、熊本平野全体が視野に入ってきます。

現在の地図で見れば、筑紫平野より熊本平野のほうが狭く見えます。しかし、邪馬台国時代、現在の筑紫平野の面積一二〇〇平方キロメートルのかなりの部分が海進の影響で有明海の干潟になっていたのに対して、標高の高い熊本平野は海進の影響が少なく、現在の七七五平方キロメートルの大部分が陸地でした。居住可能地域は熊本平野のほうが広かったとも考えられます。

すなわち、郡使たちが到着した邪馬台国の中心集落は山鹿市にあったとしても、邪馬台国の国域は熊本平野全体に及んでいたと推測できます。

では、梯儁（ていしゅん）たち郡使の最終到着地点である中心集落はどこだったのでしょうか。

それをすでに発見されている遺跡のなかに探ると、方保田東原（かとうだひがしばる）遺跡が最も有力な候補地だと考えています。

方保田東原遺跡は四〇ヘクタールに及ぶ広大な遺跡で、周辺にも非常に多くの弥生遺跡が存在しています。一大生活拠点を形成していたという様相も見てとれます。

方保田東原遺跡は、まだ遺跡全体の一割程度しか発掘されていないようです。しかし、従来の調査で神殿をモチーフにした家形土器が出土していたり、舶載（はくさい）の方格規矩鏡（ほうかくききょう）や数々の鉄器類、赤色顔料の付着した土器など、魏志倭人伝の記述を想起させる遺物も数多く出土しています。

稲穂を積むための石包丁を鉄製にしたもの（石包丁型鉄器）や、巴形銅器など珍しい遺物が見つかるとともに、北部九州はもちろん、山陰や近畿地方など西日本各地から持ち込まれた大量の土器なども見つかっています。それが意味するのは、熊本平野北部に西日本全域と活発な交流を行い、繁栄した都市があったということです。

魏志倭人伝は女王国の産物として「山に丹あり」と書いていますが、まさに後方に聳えて噴煙を上げる阿蘇山からはふんだんに丹＝ベンガラが供給されていました。当時の王墓級の墓には大量の水銀朱が副葬・使用されていますが、大半は中国産とされています。非常に貴重なものだったのは間違いありません。普段使いの土器を赤く色付けしたり、顔や身体を赤く塗るために、水銀朱を大量に消費できたとは思われません。そこで、水銀朱の代用品あるいは類似の汎用品として阿蘇のベンガラが広く流通し、この地に富をもたらしていたと考えられるのではないでしょうか。

方保田東原遺跡については、近年発掘調査が滞っているようです。非常に残念です。まずは膨大な出土品の再分析調査と、発掘の再開を望みたいと思います。

図24　陸行四百里と邪馬台国の拠点集落ネットワーク

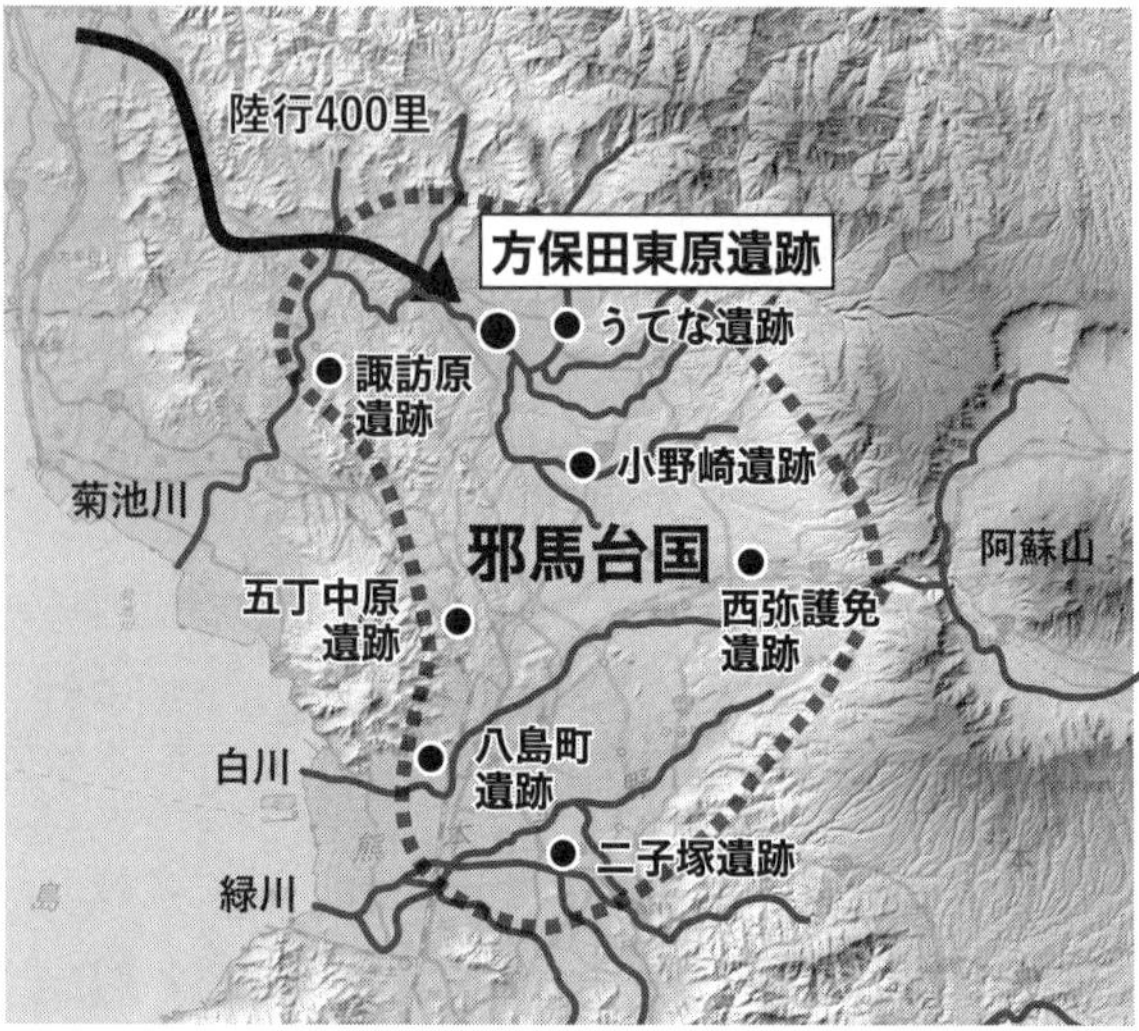

※地理院地図（電子国土Web）をもとに作成

　そして、当時の熊本平野には大規模な環濠集落が数多く存在します。少し名前を挙げるだけでも、方保田東原遺跡のある菊池川流域にはうてな遺跡、小野崎遺跡、諏訪原遺跡、白川流域には西弥護免遺跡、五丁中原遺跡、八島町遺跡、緑川流域には二子塚遺跡などなどがあります。

　これら拠点集落の発掘が進めば、筑紫平野の投馬国ネットワークをしのぐ邪馬台国のネットワークが姿を現すに違いないと信じています（図24）。

　ここまで、魏志倭人伝の全文を読み解いて様々な発見をしながら、そこに記された行程を辿ってきました。

　帯方郡を出発して卑弥呼の都を目指した、梯儁たち郡使一行が最終的に到着したのは熊本県山鹿市の方保田東原遺跡でした。そして、七万余戸を擁する邪馬台国は熊本平野全体に広がっていました。

「邪馬台国は熊本にあった」そして「卑弥呼は熊本にいた！」というのが結論になります。

おわりに

最後までお付き合いいただきありがとうございました。

魏志倭人伝には意外に多くのことが書かれているのを、おわかりいただけたのではないでしょうか。

そして、その記述はさまざまに解釈できることもご理解いただけたと思います。

魏志倭人伝全文を読んで、邪馬台国論で最も関心の高い所在地論に対する本書の答えは、熊本平野でした。

一方で、魏志倭人伝の行程記事だけを大雑把に読んでみると、二万余戸の奴国の南に五万余戸の投馬国があり、その南に七万余戸の邪馬台国があると書かれています。

多くが比定するように、奴国を福岡平野だとすると、投馬国が筑紫平野であり、邪馬台国が熊本平野であることは、その記事と整合しています。

後世、古代山城として築かれた鞠智城跡に登れば、灰塚展望所から熊本平野全体はもちろん遠く雲仙普賢岳まで一望できます。郡使たちはこのような場所から七万余戸の邪馬台国を眺めたのだろうという実感が湧いてきます。

同時に、魏志倭人伝の記す卑弥呼の宮殿は、こういう場所にこそ築かれたのではないかというイメージも膨らみます。

ではなぜ、邪馬台国が熊本平野だというのが少数説になっているのでしょうか。それは、そこに狗奴国（くなこく）があるからです。狗奴国熊本説があるからなのです。

しかし、失礼ながら極論すれば、狗奴国熊本説に大した根拠はありません。

根拠とされるものは主に二つ。「熊襲（くまそ）」と「菊池彦（きくちひこ）」です。

熊襲と狗奴国のイメージを重ねて、熊本を狗奴国とするわけですが、三世紀に熊襲がどこにいたかなどはまったく不明です。

また、魏志倭人伝の狗奴国の段に登場する「狗古智卑狗」を「くこちひく」→「きくちひこ」→「菊池彦」として、後世の菊池郡と関連付ける論考についても、「菊池」という地名がいつごろ現在の地に定着したかは不明ですし、菊池彦はまったく架空の人物です。

熊本が狗奴国になってしまったのは、福岡県や佐賀県に邪馬台国を比定する説が、自説の補強のために「その南の熊本には狗奴国があった」と繰り返し繰り返し語りつづけたためだと思います。イメージだけが定着したのです。

邪馬台国熊本説に改めて光が当たるのを期待します。くまモンにも応援してもらえるとうれしいです。


では、「はじめに」の続きです。

『日本書紀』編纂者が漠然とでも邪馬台国の場所を知っていた可能性があることについてです。

それは、編纂者たちが卑弥呼に準えて創作した「神功皇后」が示しています。どういうことか説明しましょう。

『日本書紀』の紀年延長操作が行われる前の天皇の時代が四世紀から始まったとすると、邪馬台国の存在した三世紀が「神代」に相当することは「はじめに」で述べました。

その時点では、「邪馬台国」は「高天原」として、「卑弥呼」は「大日孁貴」として、正しく「三世紀」の「神代」に描き込まれていました。

しかし、延長操作が施されて初代神武天皇の即位が紀元前六六〇年となります。すると、神代はそれ以前の太古へと押しやられます。同時に、三世紀は天皇の時代となるのです。

そこで、唐に対して『日本書紀』の信憑性を担保する意味で、中国で過去最も人物像を知られていた卑弥呼に準えて神功皇后が創出されました。

編纂者たちは当然『三国志』魏志倭人伝を熟読しています。そこに書かれた卑弥呼（および壹与）をモデルとして神功皇后像を創り上げます。

神功皇后は決して即位しません。西暦二〇一年から二六九年まで摂政を務め、一〇〇歳で崩御されたことになっています。これは、「中国（魏）に遣使朝貢した卑弥呼が天皇だった」と設定することは、唐と対等の立場を主張するには不都合だからです。

編纂者たちは、魏志倭人伝の卑弥呼の事績と人物像をトレースしていきます。

神功皇后は数々の巫女的な能力を誇示し、南にいた熊襲と戦います。もちろん朝鮮半島とも交渉を持ちます（ただし、筆者はいわゆる「三韓征伐」を仲哀天皇の功績だったと考えています）。二〇〇年に夫の仲哀天皇を亡くし、独身です。ちなみに梯儁の来倭した二四〇年には七一歳という高齢です。まさに「年すでに長大」なのです。

注目すべきは、卑弥呼の記述と重なるこれらの内容は、神功皇后摂政前紀に集約されています。そして、その舞台は九州です。わざわざ九州に遠征するのです。つまり、不思議なことに、神功皇后は摂政となる直前の一定期間、九州を舞台に卑弥呼と同様の活躍をする女帝として『日本書紀』内に位置付けられているのです。

このような『日本書紀』の叙述は、邪馬台国が九州にあったという前提でなされたように見えます。『日本書紀』編纂者たちは、「邪馬台国が九州にあった」ことを知っていた、あるいは唐が「卑弥呼が九州にいた」と知っていることを知っていたと考えてよいのではないでしょうか。

本書は思いがけず三六〇ページに及ぶ厚い新書となりました。株式会社ワニ・プラスの小幡恵編集長にはその煩雑な編集だけでなく、表紙にワニならぬくまモンを登場させる交渉にもご尽力いただきました。最後になりましたが、心よりお礼申し上げます。

「魏志倭人伝」全文　※部分的に新字体に変換

倭人伝

倭人在帯方東南大海之中依山島為国邑旧百
余国漢時有朝見者今使訳所通三十国従郡至
倭循海岸水行歴韓国乍南乍東到其北岸狗邪
韓国七千余里始度一海千余里至対馬国其大
官曰卑狗副曰卑奴母離所居絶島方可四百余
里土地山険多深林道路如禽鹿径有千余戸無
良田食海物自活乗船南北市糴又南渡一海千
余里名曰瀚海至一大国官亦曰卑狗副曰卑奴
母離方可三百里多竹木叢林有三千許家差有
田地耕田猶不足食亦南北市糴又渡一海千余
里至末盧国有四千余戸浜山海居草木茂盛行
不見前人好捕魚鰒水無深浅皆沈没取之東南
陸行五百里到伊都国官曰爾支副曰泄謨觚柄
渠觚有千余戸世有王皆統属女王国郡使往来
常所駐東南至奴国百里官曰兕馬觚副曰卑奴
母離有二万余戸東行至不彌国百里官曰多模
副曰卑奴母離有千余家南至投馬国水行二十
日官曰彌彌副曰彌彌那利可五万余戸南至邪
馬台国女王之所都水行十日陸行一月官有伊
支馬次曰彌馬升次曰彌馬獲支次曰奴佳鞮可
七万余戸自女王国以北其戸数道里可得略載
其余旁国遠絶不可得詳次有斯馬国次有已百
支国次有伊邪国次有都支国次有彌奴国次有
好古都国次有不呼国次有姐奴国次有対蘇国
次有蘇奴国次有呼邑国次有華奴蘇奴国次有
鬼国次有為吾国次有鬼奴国次有邪馬国次有

躬臣国次有巴利国次有支惟国次有烏奴国次
有奴国此女王境界所尽其南有狗奴国男子為
王其官有狗古智卑狗不属女王自郡至女王国
万二千余里男子無大小皆黥面文身自古以来
其使詣中国皆自称大夫夏后少康之子封於会
稽断髪文身以避蛟龍之害今倭水人好沈没捕
魚蛤文身亦以厭大魚水禽後稍以為飾諸国文
身各異或左或右或大或小尊卑有差計其道里
当在会稽東治之東其風俗不淫男子皆露紒以
木緜招頭其衣横幅但結束相連略無縫婦人被
髪屈紒作衣如単被穿其中央貫頭衣之種禾稲
紵麻蚕桑緝績出細紵縑緜其地無牛馬虎豹羊
鵲兵用矛楯木弓木弓短下長上竹箭或鉄鏃或
骨鏃所有無与儋耳朱崖同倭地温暖冬夏食生
菜皆徒跣有屋室父母兄弟臥息異処以朱丹塗
其身体如中国用粉也食飲用籩豆手食其死有
棺無槨封土作冢始死停喪十余日当時不食肉
喪主哭泣他人就歌舞飲酒已葬挙家詣水中澡
浴以如練沐其行来渡海詣中国恒使一人不梳
頭不去蟣蝨衣服垢汚不食肉不近婦人如喪人
名之為持衰若行者吉善共顧其生口財物若有
疾病遭暴害便欲殺之謂其持衰不謹出真珠青
玉其山有丹其木有柟杼豫樟楺櫪投橿烏号楓
香其竹篠簳桃支有薑橘椒蘘荷不知以為滋味
有獮猴黒雉其俗挙事行来有所云為輒灼骨而
卜以占吉凶先告所卜其辞如令亀法視火坼占
兆其会同坐起父子男女無別人性嗜酒魏略曰其俗不

知正歳四節但計春耕秋収為年紀見大人所敬但搏手以当脆拝其
人寿考或百年或八九十年其俗国大人皆四五
婦下戸或二三婦婦人不淫不妬忌不盗窃少諍
訟其犯法軽者没其妻子重者没其門戸及宗族
尊卑各有差序足相臣服収租賦有邸閣国国有市
交易有無使大倭監之自女王国以北特置一大
率検察諸国畏憚之常治伊都国於国中有如刺
史王遣使詣京都帯方郡諸韓国及郡使倭国皆
臨津捜露伝送文書賜遺之物詣女王不得差錯
下戸与大人相逢道路逡巡入草伝辞説事或蹲
或跪両手拠地為之恭敬対応声曰噫比如然諾
其国本亦以男子為王住七八十年倭国乱相攻
伐歴年乃共立一女子為王名曰卑弥呼事鬼道
能惑衆年已長大無夫壻有男弟佐治国自為王
以来少有見者以婢千人自侍唯有男子一人給
飲食伝辞出入居処宮室楼観城柵厳設常有人
持兵守衛女王国東渡海千余里復有国皆倭種
又有侏儒国在其南人長三四尺去女王四千余
里又有裸国黒歯国復在其東南船行一年可至
参問倭地絶在海中洲島之上或絶或連周旋可
五千余里景初二年六月倭女王遣大夫難升米
等詣郡求詣天子朝献太守劉夏遣吏将送詣京
都其年十二月詔書報倭女王曰制詔親魏倭王
卑弥呼帯方太守劉夏遣使送汝大夫難升米次
使都市牛利奉汝所献男生口四人女生口六人
班布二匹二丈以到汝所在踰遠乃遣使貢献是
汝之忠孝我甚哀汝今以汝為親魏倭王仮金印

紫綬装封付帯方太守仮授汝其綏撫種人勉為
孝順汝来使難升米牛利渉遠道路勤労今以難
升米為率善中郎将牛利為率善校尉仮銀印青
綬引見労賜遣還今以絳地交龍錦五匹臣松之以為地
應為綈漢文帝著皁衣謂之弋綈是也此字不體非魏朝之失則伝写者誤也絳地縐粟罽十
張蒨絳五十匹紺青五十匹答汝所献貢直又特
賜汝紺地句文錦三匹細班華罽五張白絹五十
匹金八両五尺刀二口銅鏡百枚真珠鉛丹各五
十斤皆装封付難升米牛利還到録受悉可以示
汝国中人使知国家哀汝故鄭重賜汝好物也正
始元年太守弓遵遣建中校尉梯儁等奉詔書印
綬詣倭国拝仮倭王并齎詔賜金帛錦罽刀鏡采
物倭王因使上表答謝詔恩其四年倭王復遣使
大夫伊声耆掖邪狗等八人上献生口倭錦絳青
縑緜衣帛布丹木㺃短弓矢掖邪狗等壹拝率善
中郎将印綬其六年詔賜倭難升米黄幢付郡仮
授其八年太守王頎到官倭女王卑弥呼与狗奴
国男王卑弥弓呼素不和遣倭載斯烏越等詣郡
説相攻撃状遣塞曹掾史張政等因齎詔書黄幢
拝仮難升米為檄告喩之卑弥呼以死大作冢径
百余歩徇葬者奴碑百余人更立男王国中不服
更相誅殺当時殺千余人復立卑弥呼宗女壹与
年十三為王国中遂定政等以檄告喩壹与壹与
遣倭大夫率善中郎将掖邪狗等二十人送政等
還因詣臺献上男女生口三十人貢白珠五千孔
青大句珠二枚異文雑錦二十匹

主な参考文献・参考ウェブサイト

石原道博編訳『新訂　魏志倭人伝・後漢書倭伝・宋書倭国伝・隋書倭国伝』岩波文庫　一九八五
陳寿著　裴松之注　今鷹真・井波律子・小南一郎訳『正史　三国志』
　ちくま学芸文庫　一九九二〜一九九三
渡邉義浩『魏志倭人伝の謎を解く　三国志から見る邪馬台国』中公新書　二〇一二
弘中芳男『古地図と邪馬台国』大和書房　一九八八
海野一隆「地圖學的見地よりする馬王堆出土地圖の検討」東方學報五一巻五九〜八二頁　京都大學人文科學研究所　一九七九（京都大学学術情報リポジトリ紅 http://hdl.handle.net/2433/66566）
中島直幸「邪馬台国の周辺　末盧国」季刊考古学第六号　雄山閣出版　一九八四
福井重雅編『古代中国の歴史家たち』早稲田大学出版部　二〇〇六
宮崎康平『まぼろしの邪馬台国』講談社文庫　一九八二
中島信文『甦る三国志「魏志倭人伝」新「邪馬台国」論争への道』彩流社　二〇一二
大阪府立弥生文化博物館『邪馬台国への海の道―壱岐・対馬の弥生文化―』
（平成七年度秋季特別展図録）一九九五
糸島市立伊都国歴史博物館『狗奴国浪漫〜熊本・阿蘇の弥生文化〜』
（平成二六年度開館一〇周年記念特別展展示図録）二〇一四

朝日新聞社　中国敦煌研究院創立五〇周年記念「砂漠の美術館—永遠なる敦煌」展図録　一九九六
凌稚隆『漢書評林』巻之二八下—二九（国立国会図書館デジタルコレクション）一八八二
『太平御覧』（嘉慶十二年歙鮑［きょうほう］氏校宋板刻十七年成）（国立国会図書館デジタルコレクション）
『三国志全文検索』ホームページ（http://www.seisaku.bz/sangokushi.html）
中國哲學書電子化計劃『漢書』地理志
高槻市立今城塚古代歴史館『古代の日本海文化—太邇波の古墳時代—』二〇一八
島根県加茂町教育委員会『神原神社古墳』二〇〇二
福岡県教育委員会『藤の尾垣添遺跡Ⅲ福岡県みやま市瀬高町山門所在遺跡の調査—集落編3・墳墓編—』
下山正一「有明海と佐賀低平地の成り立ち」（NPO法人有明海再生機構講演録）二〇〇七
久住猛雄「福岡平野　比恵・那珂遺跡」『集落からよむ弥生社会』［弥生時代の考古学八］
同成社　二〇〇八
熊本県山鹿市教育委員会　山鹿市文化財調査報告書第一四集「方保田東原遺跡（四）」二〇〇一
熊本県山鹿市教育委員会　山鹿市文化財調査報告書第二集「方保田東原遺跡（七）」二〇〇六
熊本県山鹿市教育委員会　山鹿市文化財調査報告書第八集「方保田東原遺跡（一一）」二〇〇九

検証・新解釈・新説で
魏志倭人伝の全文を読み解く

卑弥呼は熊本にいた！

著者 伊藤雅文

2023年3月5日 初版発行

伊藤雅文（いとう・まさふみ）
歴史研究家。昭和34（1959）年、兵庫県揖保郡（現たつの市）生まれ。広島大学文学部史学科西洋史学専攻卒業。日本書紀研究会会員。全国邪馬台国連絡協議会会員。邪馬台国の会会員。著書に『邪馬台国は熊本にあった！』（扶桑社新書）『ヤマト王権のはじまり』（扶桑社新書）『日本書紀「神代」の真実』（ワニブックス【PLUS】新書）がある。YouTube【古代史新説チャンネル】で関連動画を配信中。

発行者 佐藤俊彦
発行所 株式会社ワニ・プラス
〒150-8482
東京都渋谷区恵比寿4-4-9 えびす大黒ビル7F
電話 03-5449-2171（編集）
発売元 株式会社ワニブックス
〒150-8482
東京都渋谷区恵比寿4-4-9 えびす大黒ビル
電話 03-5449-2711（代表）
装丁 橘田浩志（アティック）
柏原宗績
DTP 株式会社ビュロー平林
印刷・製本所 大日本印刷株式会社

ISBN 978-4-8470-6205-6
ワニブックスHP https://www.wani.co.jp